আল্লাহর পথে
বিজ্ঞানের সাথে

ড. মুহম্মদ মঈনুল আহসান

লস এঞ্জেলস, ক্যালিফোর্নিয়া, ইউএসএ

Towards
Allah with Science

by
Dr. Mainul M. Ahsan

প্রথম প্রকাশ, আগস্ট ২০১৭
সংশোধন ও পরিবর্ধন, মে ২০১৮
First publication, August 2017
Los Angeles, USA

All contact/ সকল যোগাযোগ
mainul64@gmail.com

Available at/ প্রাপ্তি স্থান
www.createspace.com/7460669   অথবা
Search 'Mainul Ahsan' at amazon.com

Price: 8.00 US dollar

উৎসর্গ

শ্রদ্ধেয় সেলিম ভাইকে

স্কুলের বড় ভাই থেকে সেলিম আহমেদ এখন আমার
আদর্শ বড় ভাই আল্লাহ পাকের একান্ত ইচ্ছায়
এ জীবনের সব সুখ-দুঃখ, সাফল্য-ব্যর্থতায়
ছায়া হয়ে তিনি সাথে থেকেছেন সব সময়
বইটা তাই তার হাতেই মানায়

সূচিপত্র

	পৃষ্ঠা
ভূমিকা	৫
যুক্তি ও প্রজ্ঞাতে আল্লাহ	৮
বিজ্ঞান ছুটছে আল্লাহর দিকে	১৫
বিজ্ঞান আল্লাহ পাকের হুকুম মাত্র প্রমাণ পবিত্র মে'রাজ	২১
কৃত্রিম প্রাণ ও পাথরের জীবন	৩২
অনন্ত জীবনের অন্যতম নিদর্শন ও নির্দেশনা	৪৬
মানব ক্ষমতার সীমানা	৫৩
সামনে দুরূহ পথ ভয়াবহ সময়	৭০
স্মৃতিতে ভাস্বর ওলী-এ কামেল হযরত শাহ্ সৈয়দ ইমাম নজর আহমদ রহ:	৭৮
ঈমানের সাথে জীবনাবসানের জন্য প্রার্থনা	৯৩

ভূমিকা

সমস্যা মানুষকে বাধ্য করে সমাধান খুঁজতে, ঠেলে দেয় জ্ঞান- বিজ্ঞানের চর্চায়। মানুষ চায় সহজ উপায়ে লাভজনক সমাধান। বেশী লাভের আশায় সে ফাঁক-ফোঁকর খোঁজে, ফাঁকি দেয় বিশ্ব চরাচরের অলঙ্ঘনীয় আইন- কানুন, পরিণতিতে সংঘাতে জড়িয়ে পড়ে প্রকৃতির সাথে। পরিবেশ ও প্রকৃতি হয়ে ওঠে মানুষের শত্রু এবং অনিবার্য হয়ে পড়ে প্রকৃতির প্রতিশোধ। ক্ষুব্ধ প্রকৃতিকে সামলাতে না পারে তখন নিজের ধ্বংসকেই মেনে নিতে বাধ্য হয় মানুষ। এই অবস্থাই চলছে কালের পর কাল, যুগের পর যুগ ধরে।

অবস্থা এমন হতো না যদি মানুষ মেনে চলতো প্রকৃতির আইন- কানুন। সেই আইন মানতে মানুষ কার্পণ্য করে কারণ আপন বিজ্ঞান তাকে বিভ্রান্ত করে। প্রকৃতির উপর নিজেকে ক্ষমতাবান ভাবতে মানুষকে প্রায়শ উসকে দেয় বিজ্ঞান। মানুষ ভুলে যায় যে সে আসলে সুবিশাল এই প্রকৃতিরই ক্ষুদ্রতম একটা অংশ মাত্র, প্রকৃতির অভিভাবক নয় কোন ভাবেই।

প্রকৃতির কোলে বাস করেও তাকে ঠিক মত বুঝতে না পারা মানব বিজ্ঞানের চরমতম ট্রাজেডি। মানুষ প্রকৃতিকে বুঝতে পারে না কারণ মানুষ তাকে বুঝতে চায় নিজের মত করে, নিজের ইচ্ছা অনুযায়ী। কিন্তু মানুষ তো প্রকৃতির মত বিশালও নয় আবার কাল-মহাকাল উত্তীর্ণ কোন সৃষ্টিও নয় তাই সে বিষয়ে পূর্ণ ধারণা ও চিন্তা তার পক্ষে কখনোই সম্ভব নয়।

প্রকৃতিকে জানা ও বোঝা একমাত্র সম্ভব যদি এ বিষয়ে দয়া করে তথ্য দেন স্বয়ং স্রষ্টা। বস্তুত এত সুন্দর ও অবারিত যে পরিবেশ ও প্রকৃতি তার স্রষ্টা যে হবেন সবচেয়ে বড় দয়াময় এবং সবচেয়ে মহান তা বলাই বাহুল্য। আর সেই দয়াময়ই হলেন পরম স্রষ্টা মহান আল্লাহ সুবহানাল্লাহ তা'য়ালা। তিনি এতই মহান ও দয়াবান যে বিশ্ব প্রকৃতির কোন কিছুই তিনি গোপন করেননি তাঁর প্রিয় সৃষ্টি মানুষের কাছ থেকে। পবিত্র কোরআন হলো তার প্রামাণ্য দলিল। এই দলিলের বাহিরে যাওয়ার চেষ্টাই মূলত সীমানার লঙ্ঘন যাতে অবধারিত হয়ে ওঠে প্রকৃতির প্রতিশোধ তথা আল্লাহ পাকের গযব।

যেহেতু মহান আল্লাহ তা'য়ালা এবং মানবকুল সহ তাঁর সুবিশাল সমগ্র সৃষ্টি একই সূত্রে গাঁথা তাই নিজেদের শান্তি, সমৃদ্ধি ও মুক্তির প্রয়োজনেই আমাদেরকে জানতে হবে মহান আল্লাহ ও তাঁর সৃষ্টির বিষয়ে প্রকৃত সত্য। আমাদের বৈজ্ঞানিক অনুসন্ধান যদি সেই লক্ষ্য পূরণে সহায়ক হয় তাহলেই শুধু সেই বিজ্ঞান হতে পারে মানুষের জন্য কল্যাণকর ও গ্রহণযোগ্য। জটিল এই বিষয়টি বিবিধ উদাহরণ ও উপমাসহ আলোচিত হয়েছে এই বইয়ের প্রবন্ধগুলোতে। লেখাগুলো বিভিন্ন সময়ে প্রকাশিত হয়েছে দেশি- বিদেশি বাংলা পত্র- পত্রিকায়। মহান আল্লাহ পাক ও তাঁর সৃষ্টিকে সহজ ভাবে বুঝতে বইটি বিশেষ সহায়ক হবে বলেই আমার বিশ্বাস।

বইয়ের লেখাগুলোর মূল তথ্য সূত্র হিসেবে ব্যবহৃত হয়েছে পবিত্র কোরআনের বিভিন্ন আয়াত ও সংশ্লিষ্ট হাদিস সমূহ। তবে আয়াতগুলোর আক্ষরিক অনুবাদ বা ব্যাখ্যা করা

হয়নি, সেটা এখানে উদ্দেশ্যও নয়। কোরআন বিহীন মানব জীবন যে অসম্ভব সেটা তুলে ধরাই এখানে উদ্দেশ্য। তাই আয়াতগুলোর উল্লেখ করা হয়েছে দ্রষ্টব্য হিসেবে যাতে বইয়ের বক্তব্যগুলোর যথার্থতা যাচাইয়ে কারো কোন অসুবিধা না হয়।

আমার অন্যান্য লেখার মত এই বইয়ের চিন্তা ও সাধনার পেছনেও রয়েছে পুত্র খালিদ আহসান তান্নার বুদ্ধিদীপ্ত প্রশ্নমালা। তাই তাকে জানাই আন্তরিকতম ধন্যবাদ এবং পাঠকদের কাছেও তান্নার জন্যে চাই বিশেষ দোয়া।

বইটির এডিটিং ছিল বেশ কঠিন ও কষ্টসাধ্য। এ ক্ষেত্রে সাহায্য করেছে স্ত্রী রুমা। পদাধিকার বলে সে আমার সব লিখারই প্রথম পাঠিকা। সমালোচনায় সে বরাবরই তীক্ষ্ণ, আর বানানের ক্ষেত্রে অতিমাত্রায় সতর্ক। তাই বইটিতে মারাত্মক কোন ভুল না থাকলে সে কৃতিত্ব অনেকটাই রুমার। এ জন্যে তাকে বিশেষ ধন্যবাদ। এরপরও ভুল- চুক কিছু থেকে গেলে তা দ্রুতই শোধরানো হবে ইনশা-আল্লাহ।

পাঠকরা যদি বইটা পড়ে উপকৃত হন তাহলে বুঝবো যে আল্লাহ পাক আমার সামান্য এই চেষ্টাকে কবুল করেছেন। সেই আশা বুকে বেঁধে বিদায় নিচ্ছি। আমিন।

ধন্যবাদান্তে,

মঈনুল আহসান
লস এঞ্জেলস, ইউএসএ
আগস্ট, ২০১৭

যুক্তি ও প্রজ্ঞাতে
আল্লাহ

বিশ্বস্রষ্টা আল্লাহ পাকের সর্বব্যাপী অস্তিত্বের প্রমাণ রয়েছে তার প্রতিটি সৃষ্টির মধ্যে। বিজ্ঞান যখন আকাশ ভেদ করেনি, শিল্প যখন ছিল সীমিত, বিশ্ব ছিল মূলত কৃষি নির্ভর সেই সময়ও মানুষের অসুবিধা হয়নি আল্লাহ পাকের অস্তিত্বকে অনুভব করতে। বিজ্ঞানের বিশাল উপস্থিতি ছাড়াও মানুষ কিভাবে আল্লাহকে উপলব্ধি করে তাঁর ঘনিষ্ঠ হতে পারে তার অন্যতম সেরা উদাহরণ হিসেবে পবিত্র কোরআনে অতীব গুরুত্বের সাথে উপস্থাপন করা হয়েছে হযরত ইব্রাহীম আ:-এর অকাট্য সব যুক্তি, প্রজ্ঞা ও জ্ঞানকে।

তৎকালীন সমাজ ব্যবস্থার প্রেক্ষিতে ইব্রাহীম আ: চিন্তা করেছেন চন্দ্র, সূর্য, নক্ষত্ররাজির এবং অন্যান্য বড় বড় জাগতিক ও মহাজাগতিক বস্তু সমূহের উপাস্য হওয়া বিষয়ে। কিন্তু সেগুলোর প্রতিটার মধ্যেই তিনি লক্ষ্য করেছেন অসীম সীমাবদ্ধতা। চাঁদ- সূর্য, নক্ষত্ররাজিকে দেখেছেন দিন আর রাতের মধ্যে হারিয়ে যেতে। পাহাড়-পর্বতকে দেখেছেন সীমাহীন অক্ষমতার সাথে ঠায় দাঁড়িয়ে থাকতে। সাগর-মহাসাগরকে পেয়েছেন নির্ধারিত সীমার মাঝে আবদ্ধ জলরাশি হিসেবে। তাই তাৎক্ষণিক ভাবে সেগুলোকে বাদ দিয়েছেন সর্বময় ক্ষমতার অধিকারী হওয়ার তালিকা থেকে। আর জনগণের উপাস্য মূর্তিগুলোকেও বাদ দিয়েছেন কারণ সে সব তাদের নিজেদেরকেই রক্ষা করতে অক্ষম হয়েছিল ইব্রাহীম আ:-এর কুড়ালের কোপ থেকে। মূর্তিগুলোর মধ্যে

সবচেয়ে যেটা ছিল বড় সেটা অক্ষম ছিল তার ছোট সঙ্গী-দেরকে রক্ষা করতে এবং ভাংচুরকারীকে ধরিয়ে দিতে। এতে ইব্রাহীম আ: স্থির এই সিদ্ধান্তে আসতে সক্ষম হয়েছিলেন যে এসবের কোনটাই সর্বময় ক্ষমতার অধিপতি স্রষ্টা হতে পারে না (সূরা আম্বিয়া ২১: আয়াত ৫১~৬৭; ৩৭: ৮৯~৯৬ দ্রষ্টব্য)।

ইব্রাহীম আ:-এর এইসব প্রজ্ঞাময় ঘটনাবলী বিষয়ে আল্লাহ পাক বলেন, 'আমি এভাবেই ইব্রাহীমকে নভোমণ্ডল ও ভূমণ্ডলের অত্যাশ্চর্য বিষয়গুলো দেখাতে লাগলাম যাতে সে দৃঢ় বিশ্বাসী হয়ে যায়'। তিনি আরও বলেন, 'এসব ছিল আমার যুক্তি যা আমি ইব্রাহীমকে তার সম্প্রদায়ের বিরুদ্ধে প্রদান করেছিলাম। আমি যাকে ইচ্ছা মর্যাদা সমুন্নত করি। আপনার পালনকর্তা প্রজ্ঞাবান ও মহাজ্ঞানী' (৬:৭৪~৭৯; ২১:৫৭~৬৭; ৩৭:৮৯~৯৬ দ্রষ্টব্য)।

একই কারণে ইব্রাহীম আ:-এর পক্ষে সম্ভব হয়েছিল নিজেকে সর্বশক্তিমান হিসেবে দাবীদার বাদশাহ নমরুদকে যথাযথ ভাবে চ্যালেঞ্জ করা। ইব্রাহীম আ:-এর চ্যালেঞ্জের মুখে নমরুদ ঠিকই বুঝেছিল যে সূর্যকে সে পশ্চিম দিকে থেকে উদিত করতে সক্ষম নয় তাই সর্বময় ক্ষমতার অধিকারী হিসেবে তার দাবী নিতান্তই অসার। তবে নমরুদের বদ্ধ ধারণা ছিল যে সে আল্লাহর মতই জীবন দান ও হরণ করতে সক্ষম। সেটা প্রমাণ করতে সে একজন ফাঁসির আসামিকে ছেড়ে দিয়ে তার জায়গায় ফাঁসি দিয়েছিল অন্য এক নিরপরাধ ব্যক্তিকে। কিন্তু সত্যিকারের সর্ব স্রষ্টা মহান আল্লাহ পাক নমরুদের সেই উদ্ভট অহংকারকে বাতাসে মিলিয়ে দিয়েছিলেন নমরুদেরই বানানো অগ্নিকুণ্ডে ইব্রাহীম আ:-কে অক্ষত রেখে (২: ২৫৮; ২১: ৬৮~৭০ ৩৭:৯৭~৯৮ দ্রষ্টব্য)।

এতকিছুর পরও নমরুদের প্রজন্ম একেবারে শেষ হয়ে যায়নি দুনিয়া থেকে। এখনও তারা আল্লাহর কালামকে অপদস্থ করে, ছিঁড়ে ফেলে, ঘটা করে পুড়িয়েও ফেলে। তাদের দাবী আল্লাহ যদি সত্যিই থেকে থাকে তাহলে বাঁচাক দেখি তাঁর কোরআনকে আগুনের হাত থেকে। নমরুদের মতই মোটা মাথার এই মূর্খরা দেখেও দেখে না যে যুগের পর যুগ ধরে ছিঁড়ে ফেলা, পুড়িয়ে ফেলার পরও আল- কোরআন এখনও বিশ্ব জুড়ে টিকে আছে সগৌরবে ও স্ব-মহিমায়। কোরআন টিকে আছে কোটি-কোটি মানুষের অন্তরে ও কণ্ঠে। প্রতি মুহূর্ত এই গ্রন্থের প্রতিটি অক্ষর কোন না কোন ভাবে পঠিত হচ্ছে দুনিয়ার কোন না কোন জনপদে। কোরআন রক্ষায় আল্লাহ পাককে আরশ ছেড়ে নেমে আসতে হয় না দুনিয়ায়। সূর্য যেমন কোটি কোটি মাইল দূরে থেকেও আলোকিত করতে পারে পৃথিবীর প্রতিটি গৃহ কোণকে ঠিক একই ভাবে দুনিয়ার বুকে না নেমেও আল্লাহ পাক বিরাজ করতে পারেন মানুষের অতি নিকটে, তাদের কণ্ঠনালীর চেয়েও কাছে (২:১৮৬; ৩৪:৫০; ৫০:১৬ দ্রষ্টব্য)।

যে মানুষের এতটা ঘনিষ্ঠ হয়ে সর্বদা বিরাজ করেন মহান আল্লাহ পাক সেই মানুষকে দিয়েই তিনি রক্ষা করে থাকেন, হেফাজত করেন তাঁর কালামকে, তাঁর দ্বীনকে। ইবলিসের সহযোগী নমরুদরূপী মানুষেরা কোরআনকে অপদস্থ করলেও কোরআন প্রেমী মানুষকে দিয়ে কিভাবে তা প্রতিহত করতে হয় সেটা অজানা নয় সর্বশক্তিমান আল্লাহ তা'য়ালার। তাই আল্লাহর কালাম এবং আল্লাহর প্রিয় বান্দারা সম্মানিত হিসেবে স্মরণীয় হয়ে থাকেন আজন্ম কাল।

অন্যদিকে লাঞ্ছিত ও ধিক্কৃত হয়ে ঘৃণার সাথে টিকে থাকে নমরুদদের নাম।

সৃষ্টিকে দেখে নিজের বিবেক ও চিন্তার দ্বারা সাধনা করে স্রষ্টাকে চেনা ও জানার সেই ধারা এখন মৃত প্রায়। এখন মানুষের হাতে সময় নেই। বিজ্ঞানের জোয়ারে তার ভাবনার জগত গেছে পাল্টে। তার গতি গেছে বেড়ে, কাজও বেড়েছে অনেক গুণ। সৃষ্টিকে চোখ মেলে দেখার চিন্তা দূরে থাকুক নিজের দেহ ঘড়ির দিকে তাকানোরও তার যেন আর অবসর নেই। অথচ তার এই দেহটাই হতে পারে স্রষ্টাকে জানার সেরা পাথেয় কারণ মানব কাঠামোর মত এমন অনুপম সৃষ্টি এর স্রষ্টার দিকে পথ নির্দেশ না করে পারে না।

তবে মানুষের সময় না থাকলেও দয়াময় আল্লাহ্ পাক তাঁর এই প্রিয় সৃষ্টিকে কখনই ভুলে থাকেননি, তাকে সঠিক পথে রাখতে তিনি যেন বদ্ধপরিকর। তাই মানুষ যতই সরে যাচ্ছে তার স্রষ্টার কাছ থেকে স্রষ্টাও আসছেন যেন তার আরও কাছে। মানুষের চোখের সামনে তিনি নিজেকে তুলে ধরছেন আরও স্পষ্ট ভাবে, আরও সহজ করে। ব্যাপারটা খারাপ ছাত্রদের জন্য প্রশ্নপত্র সহজ করার মত, গ্রেস দিয়ে পাস করানোর মত। গ্রেস দিয়ে হলেও শেষ যুগের এই মানুষগুলোকে আল্লাহ্ পাক বস্তুত রক্ষা করতে আগ্রহী। তাই আল্লাহর ব্যাপারে সামান্যতম আগ্রহও এখন অনেকের ক্ষেত্রে আল্লাহ তা'য়ালার অস্তিত্ব অনুধাবনের জন্য হতে পারে যথেষ্ট। উদাহরণ স্বরূপ হাল আমলের ভিডিও, কম্পিউটার, মোবাইল, স্কাইপ-এর কথা বলা যায়। এগুলো স্পষ্টতই বুঝিয়ে দিচ্ছে যে মানুষের প্রতিটি কাজের রেকর্ড তথা আমল নামা সংরক্ষণ এবং শেষ বিচারের মাঠে তা উপস্থাপন করা আল্লাহ পাকের

জন্যে কতই না সহজ। এখন থেকে পঞ্চাশ- একশত বছর আগের মানুষের পক্ষেও এত সহজ অনুধাবন সম্ভব ছিল না।

কিন্তু এরপরও জটিলতার যেন শেষ নেই। প্রশ্ন আর জিজ্ঞাসা যেন শেষ হবার নয় কিছুতেই। এমনই এক জটিল বিষয় হলো আল্লাহ পাকের উৎপত্তি সংক্রান্ত মানুষের প্রশ্নাবলী। অনাদি কাল থেকেই মানুষের মনে ঘুরপাক খেয়েছে অবশ্যম্ভাবী এই প্রশ্ন, আল্লাহ নিজে কিভাবে সৃষ্টি হলেন। উনার শুরু কোথায়, শেষই-বা কোথায়?

এ ব্যাপারে আল্লাহ পাকের বক্তব্য খুবই স্পষ্ট ও পরিষ্কার। নিজের জন্ম-মৃত্যু বিষয়ে আল্লাহ পাকের সরাসরি উত্তর, তিনি এমন যিনি জন্ম নেননি, তিনি জন্ম দেনও নি (১১২: ৩ দ্রষ্টব্য)। তিনিই আদি, তিনিই অন্ত তথা যখন কিছু ছিল না তখনও ছিলেন তিনি, যখন কিছু থাকবে না তখনও থাকবেন তিনিই (৫৭: ৩ দ্রষ্টব্য)। তিনি এমন যাকে ক্ষুধা-তৃষ্ণা, ঘুম-ক্লান্তি কখনও স্পর্শ করে না (২:২৫৫ দ্রষ্টব্য)।

মানুষের জন্য বড়ই কঠিন এই বক্তব্য। সেজন্যেই বিশ্বব্যাপী এখনও শত শত কোটি মানুষ এমনও আছে যাদের কাছে জন্ম-মৃত্যু, ক্ষুধা-তৃষ্ণা ও ঘুম-ক্লান্তি বিহীন এমন সত্ত্বার প্রসঙ্গই তোলা যায় না, বিশ্বাস করানো তো 'বহুত দূর কা ওয়াস্ত'। বিজ্ঞানের এই মহা উন্নতির যুগেও এমন জিজ্ঞাসার উদ্ভব হওয়ায় মনে প্রশ্ন জাগে আগেকার আমলের মানুষজন কি তাহলে কিছু না জেনে, না বুঝেই বিশ্বাস করেছিল জন্ম-মৃত্যুহীন এক আল্লাহতে? এ বিষয়ে কি ছিল তাদের অনুভূতি, কি ছিল অভিব্যক্তি?

উল্লেখ্য সাধারণ যে কোন পর্যবেক্ষণেও পূর্ববর্তী প্রজন্মগুলোকে তাদের পরবর্তীদের থেকে জ্ঞানে ও গুণে বেশী

যোগ্য হতে দেখা যায়। আগের আমলে মানুষকে জ্ঞান অর্জন করতে হয়েছে প্রযুক্তির সাহায্য ছাড়া সম্পূর্ণ নিজ উদ্যোগে কঠোর সাধনা করে তাই তাদের জ্ঞান, গুণ ও প্রজ্ঞার গভীরতা ছিল প্রশ্নাতীত। তাদের বিশ্বাসের শক্তিও ছিল তেমনই প্রবল। বর্তমানে সুযোগ্য ডাক্তার, ইঞ্জিনিয়ার, প্রফেসার বা রাষ্ট্র নেতার সংখ্যা আমরা অব্যাহত ভাবে কমে যেতে দেখছি আমাদের জীবদ্দশাতেই। এখনকার আইপিএস, পিসিএস, বিসিএস অফিসাররা নিজেরাও তাদেরকে বিগত আমলের অফিসারদের সমকক্ষ মনে করেন না, যদিও সুযোগ-সুবিধায় এবং তথ্য ভাণ্ডারের আধিক্যে একালের আমরা অনেক অগ্রগামী। অর্থাৎ তথ্য ভাণ্ডারের বাহুল্য আর জ্ঞানের গভীরতা এক জিনিস নয়। বিশাল তথ্য ভাণ্ডার আর বিজ্ঞানের গতি মানুষকে হয়তো স্মার্ট করতে পারে, ব্যস্ত করে তুলতে পারে নতুন নতুন কাজে কিন্তু তা কোন ভাবেই মানুষকে জ্ঞানী ও বিজ্ঞ হয়ে ওঠার গ্যারান্টি দেয় না। বিজ্ঞ হয়ে ওঠার জন্যে গভীর চিন্তার ক্ষমতা এবং সত্যের সন্ধানে একনিষ্ঠ অধ্যবসায় ও কঠোর সাধনা সব সময়ই ছিল বিকল্পহীন। এ যুগেও শর্তগুলো রয়ে গেছে ঐ একই।

আমাদের পূর্বসূরিদের কাছে প্রবল বিজ্ঞান না থাকলেও ছিল আপন স্রষ্টাকে জানার প্রবল আগ্রহ। তাই আল্লাহ পাক তাদেরকে দয়া করেছিলেন, দিয়েছিলেন বিশেষ জ্ঞান, প্রজ্ঞা আর গভীর অন্তর দৃষ্টি। বস্তুত সেই সুগভীর বিজ্ঞতার জোরেই তারা হতে পেরেছিলেন আল্লাহ পাকের নিকটতম এবং যথাযথ ভাবে উপলব্ধি করতে সক্ষম হয়েছিলেন আল্লাহ পাকের জন্ম- মৃত্যু, ক্ষুধা- ক্লান্তিহীন সুমহান সত্ত্বাকে। কিন্তু কথিত মহা উন্নতির এই যুগে বিজ্ঞানের

ধাক্কায় প্রজ্ঞা তো ছেড়ে যাচ্ছে আমাদেরকে। তাই কি হবে আমাদের উপায়? কি ভাবে আমরা পেতে পারি সুকঠিন ঐ সব প্রশ্নের উত্তর?

বলা অনাবশ্যক যে দয়াময় মহান আল্লাহ পাক শুধুমাত্র পূর্ববর্তীদেরই আল্লাহ ছিলেন না, তিনি এই মডার্ন যুগেরও আল্লাহ তথা আমাদেরও আল্লাহ। তাই তিনি যে এ যুগের মানুষের প্রশ্নের মুখে নিরুত্তর থাকবেন, তা হবার নয়, তেমন ভাবার কোন কারণও নেই। তিনি বলেন, প্রত্যেকটি মানুষকে যে আয়ু দেয়া হয়েছে সেটাই তার জন্যে যথেষ্ট আল্লাহকে উপলব্ধি করে তাঁর উপর বিশ্বাস স্থাপন করার জন্য (৩৫:৩৭ দ্রষ্টব্য)।

অর্থাৎ প্রতিটি মানুষের জন্যেই রয়েছে নিজ নিজ যোগ্যতা ও অভিজ্ঞতা অনুযায়ী আল্লাহ পাককে বুঝতে পারা এবং আল্লাহ সংক্রান্ত যে কোন প্রশ্নের উত্তর লাভের ব্যবস্থা। বিগত যুগে তিনি যেভাবে মানুষের প্রশ্নবাণের মুকাবিলা করেছেন বিভিন্ন সমসাময়িক উপমা- উদাহরণের মাধ্যমে একই ভাবে আমাদের জন্যেও রয়েছে আমাদের সময় ও কাল অনুযায়ী আল্লাহ পাক সংক্রান্ত প্রশ্নাবলীর উত্তর জেনে নেয়ার সুযোগ ও ব্যবস্থা। প্রয়োজন শুধু একটু আগ্রহ, একটু একাগ্র চেষ্টা।

বিজ্ঞান
ছুটছে আল্লাহর দিকে

সর্বময় আল্লাহ পাককে জানা ও বুঝবার জন্য বর্তমানের বিজ্ঞান বিশেষত মহাকাশ বিজ্ঞান যথার্থই এক শক্তিশালী মাধ্যম। মহাকাশ বিষয়ে মানুষের জানার পরিধি আজ বিস্তৃত হয়েছে সুদূরের অনন্ত নক্ষত্ররাজি পর্যন্ত। মহাশূন্যে স্থাপিত হাবল টেলিস্কোপ মানুষের দৃষ্টিকে নিয়ে গেছে আপন গ্যালাক্সি মিল্কিওয়ে পেরিয়ে সুগভীর মহাকাশের আরও গভীরে। দেখা মিলছে মহাজাগতিক ভাঙ্গা গড়ার অবিশ্বাস্য সব দৃশ্যাবলীর। আমাদের উপলব্ধিতে ধরা পরছে ডার্ক ম্যাটারের অস্তিত্ব আরও স্পষ্ট ভাবে। জানা যাচ্ছে শক্তিমত্ত ব্ল্যাক হোলের রহস্য আরও নিখুঁত ভাবে। মানুষের পাঠানো নভোযান প্রায় পেরিয়ে গেছে মিল্কিওয়ের প্রান্ত সীমা। এরপরও ধারণা করা হচ্ছে যে অনন্ত মহাশূন্যের মাত্র চার ভাগের বেশী দেখার সুযোগও সম্ভবত এখনও আমাদের হয়নি।

এ পর্যন্ত যতটুকুই জানা গেছে তার মধ্যেই দূরবর্তী এমন সব নক্ষত্র মণ্ডলীর সন্ধান মিলছে যেখানে আলোর গতিতে ছুটলেও পৌঁছাতে লাগবে আমাদের সময়ের হিসেবে কয়েক বিলিয়ন আলোকবর্ষ। ঐ সব গ্রহ- নক্ষত্রের কতগুলোর আকার, আয়তন, উপকরণের বাহিরেও জানা গেছে সেগুলোর দিবস ও রজনীর দৈর্ঘ্য ও ব্যাপ্তি। এমন অনেক গ্রহ-উপগ্রহের দেখা মিলেছে যেখানকার একেকটা দিনের দৈর্ঘ্য পৃথিবীর বহু বছরের সমান। ধারণা করতে কষ্ট হয় না যে মহাশূন্যের আরও গভীরে অথবা প্রান্ত সীমানায় যদি

কখনও পৌঁছানো যায় তাহলে হয়তো এমন গ্রহ-উপগ্রহের সন্ধান পাওয়া যেতে পারে যেখানকার একেকটা দিন হয়তো হবে পৃথিবীর কয়েক শত বছর, এমনকি হয়তোবা আমাদের হাজার বছরের সমান। তেমন কিছুর দেখা এখন পর্যন্ত বাস্তবে না মিললেও মহাকাশে যে সে রকম এলাকা থাকতে পারে সে বিষয়ে তাত্ত্বিক ভাবে কোনই সন্দেহ নেই।

মহাশূন্যের গভীরে আরও কত সহস্র কোটি আলোক বর্ষ পথ পাড়ি দিলে যে তেমন এলাকার দেখা মিলবে তথা এর কিনারার সন্ধান পাওয়া যাবে তা এখনও আমাদের অজানা। কিন্তু সর্ব জ্ঞানী সুমহান আল্লাহ্ পাক মানুষের এই অনুসন্ধিৎসার স্পষ্ট একটা ধারণা ঠিকই দিয়েছেন পবিত্র আল- কোরআনে। আল্লাহ্ পাক বস্তুত মানুষের প্রতিটি প্রশ্নেরই যথাযথ উত্তর দিয়েছেন তাঁর পবিত্র কালামে। নিজের ভাষায় বর্ণনা করেছেন সৃষ্টির অনুপূর্ব এবং মানুষকে নিশ্চয়তা দিয়ে স্পষ্ট ভাষায় বলেছেন যে এই কোরআন এমন যেখানে প্রতিটি বিষয় পুঙ্খানুপুঙ্খ ভাবে বর্ণিত হয়েছে এবং সেখানে বাদ দেয়া হয়নি কোন কিছুই (৬:৩৮; ৪১:৩ দ্রষ্টব্য)।

এদিকে ইঙ্গিত করেই নবীজি সা: বিদায় হজ্জের ভাষণে সাহাবিদেরকে আদেশ দিয়েছেন আল্লাহর কালাম ও হাদিসের বাণীকে যেমন আছে ঠিক তেমনি ভাবে পরবর্তীদের কাছে পৌঁছে দিতে। কারণ হিসেবে বলেছেন, ‘তোমরা যা বুঝতে পারোনি পরবর্তীরা হয়তো তা বুঝতে পারবে’। সে রকম অনেক বাণীর মর্ম আমরা এখন অনুধাবন করতে পারছি সময় ও বিজ্ঞানের অগ্রগতির কারণে।

তেমনই এক অবিস্মরণীয় বাণীতে মহান আল্লাহ পাক বলেন, ‘ফেরেশতারা ও রুহ (জিবরাইল আ:) তাঁর দিকে

আরোহণ করে যায় এমন এক উর্ধ্বলোকে যেখানকার একেকটি দিন পৃথিবীর পঞ্চাশ হাজার বছরের সমান' (৭০:৪ দ্রষ্টব্য)। উল্লেখ্য যে পৃথিবীর সময়ের হাজার বছরের সমান একটা দিনের এলাকাই এখনও আমরা খুঁজে পাই নি, তাই পঞ্চাশ হাজার বছরের সমান একটি দিবসের এলাকা মানুষ আদৌ কখনও খুঁজে পাবে কিনা তা বলা কঠিন। তবে মানুষের খোঁজের অপেক্ষা না করে দয়াময় আল্লাহ পাক নিজেই দিয়েছেন সেই এলাকার বিশেষ কিছু তথ্য। সেগুলোর দেখা মেলে নবীজী সা:-এর মেরা'জ সংক্রান্ত আল-কোরআন ও হাদিসের বিবরণীতে।

মে'রাজের বর্ণনায় সূরা নজমে উল্লেখ করা হয়েছে সিদরাতুল মুনতাহার কথা। বলা হয়েছে যে সেই সিদরাতুল মুনতাহার কাছে আছে জান্নাতুল মাওয়া (৫৩: ১৩~১৭ দ্রষ্টব্য)। এ সংক্রান্ত হাদিসগুলো থেকে জানা যায় যে মে'রাজের সময় এই সিদরাতুল মুনতাহা পর্যন্তই নবীজির সফর সঙ্গী হতে পেরেছিলেন ফেরেশতাদের প্রধান হযরত জিবরাইল আ: এবং ঐ পয়েন্ট থেকে আল্লাহ পাকের আরশ পর্যন্ত নবীজিকে যেতে হয়েছিল একাকী। কারণ সিদরাতুল মুনতাহা পয়েন্টের ওপারে যাওয়ার অনুমতি ছিল না স্বয়ং প্রধান ফেরেশতারও। অর্থাৎ এই সিদরাতুল মুনতাহাই মহাকাশের সেই প্রান্ত এলাকা বা শেষ সীমানা যেখানে শেষ হয়েছে আমাদের জ্ঞাত এই মহাবিশ্ব এবং এই এলাকারই একেকটা দিন পৃথিবীর পঞ্চাশ হাজার বছরের সমান।

আল্লাহর কাছ থেকে আদেশ নির্দেশ বুঝে নিতে এবং নিজেদের কাজের রিপোর্ট দিতে জিবরাইল আ: ও অন্যান্য ফেরেশতারা সর্বোচ্চ এপর্যন্তই যেতে পারেন, এর ওপারে নয়।

কারণ এরপরই শুরু হয়েছে জন্ম- মৃত্যু, ধ্বংস- সৃষ্টি বিহীন এমন এক জগত যেখানে কোন সৃষ্টির প্রবেশাধিকার নেই। এক্ষেত্রে একমাত্র ব্যতিক্রম ছিলেন মহা মানব প্রিয় নবীজি হযরত মুহাম্মদ সা:। আল্লাহ পাক তাঁর সর্বময় ক্ষমতা ও কুদরতের স্মারক হিসেবে এই দুই জগতের মধ্যে নবীজির পরিভ্রমণের ব্যবস্থা করেছিলেন পবিত্র মে'রাজের রাতে। আর সেটা করা হয়েছিল মূলত এই নশ্বর জগতের বিস্তৃতি এবং অনন্ত অবিনশ্বর জগতের অস্তিত্বের চাক্ষুষ প্রমাণ উপস্থাপনার প্রয়োজনে।

অসীম সেই অবিনশ্বর জগত শুধুমাত্র মৃত্যুহীনই নয় বরং সেখানকার যাবতীয় পরিবেশ, পরিস্থিতি ও অনুভূতি তথা সমস্ত কিছুই আমাদের জ্ঞাত এই মহাজগত থেকে সম্পূর্ণই ভিন্ন। মৃত্যুর মত জন্ম বলেও সেখানে কিছু নেই। সেখানে ক্ষুধা-ক্লান্তি, ঘুম-নিদ্রা নেই। সেখানে অভাব নেই, অশান্তি বলেও কিছু নেই। পরিপূর্ণ সেই শান্তিধামে কাল বলে কিছু নেই, সময় বলেও কিছু নেই। সেখানে সীমা নেই, পরিসীমাও নেই। সেখানে ভুল নেই। সেখানে অশুদ্ধ বলে কিছু নেই। সেখানে কিছুই কখনও সৃষ্টি হয় না কিন্তু অন্য সব কিছুই সৃষ্টি হয় সেখান থেকে। যেহেতু সেখানকার কিছুই সৃষ্ট নয় বরং সদা সর্বদা একই ভাবে বিরাজমান তাই সেখানে শুরু বলে কিছু নেই, শেষও নেই। সেখানে আছে শুধুই একক অর্থাৎ একজন। কারণ সেখানে দুই বা দ্বিতীয় বলে কিছু নেই, থাকা সম্ভব নয়। সেখানে যিনি ছিলেন তিনি সেখানেই আছেন এবং সেখানেই থাকবেন অনন্ত কাল। যেহেতু ধ্বংস বা মৃত্যু সেখানে অনুপস্থিত তাই সেখানকার একক সত্ত্বার নির্দিষ্ট সময় মেপে সেখানে অবস্থানের প্রশ্নটাও অবান্তর। অবিনশ্বর সেই

জগতই হলো 'আরশে আজিম' যার অধিপতি একমাত্র মহান আল্লাহ। তাই আল্লাহ পাকের জন্য জন্ম-মৃত্যু, শুরু-শেষ ও ক্লান্তি-নিদ্রার প্রসঙ্গগুলো একেবারেই অবাস্তব, অবান্তর এবং অসম্ভব।

ঐ জগতের কথা আমরা ভাবতে পারি না। এমনকি জন্ম- মৃত্যুহীন অথবা শুরু ও শেষ বিহীন কোন কিছুর অস্তিত্বও আমাদের ভাবনায় আসে না। কারণ আমাদের এই দৃশ্যমান জগতে আমরা সবাই কাল ও সময়, সীমা ও পরিসীমা, সৃষ্টি ও ধ্বংস এবং শুরু ও শেষের সুনির্দিষ্ট এক চক্রের মধ্যে আবদ্ধ। এই চক্রের ভিতরে কেউই একক ভাবে কিছু করতে সক্ষম নয় তাই এখানে সবকিছুই দুই বা ততোধিকের মিশ্রণ ও সমষ্টি। এই চক্রের বাহিরে আমাদের চিন্তা-চেতনা কাজ করে না কোন ভাবেই। এটা একান্তই আমাদের সার্বিক ও সর্বব্যাপী সীমাবদ্ধতার পরিণতি। কিন্তু এর অর্থ এই নয় যে এই সীমাবদ্ধতার বিপরীতে বা ঊর্ধ্বে কিছু নেই বা থাকতে পারে না। বরং এপিঠ- ওপিঠের সাধারণ তত্ত্ব অনুযায়ীই সীমাবদ্ধ ও নশ্বর এই জগতের উল্টো পিঠে অসীম ও অবিনশ্বর জগতের উপস্থিতিই স্বাভাবিক। আর সেই জগতটা যেহেতু অসীম ও অবিনশ্বর তাই ঐ জগতের অধিপতিও অবশ্যই হবেন সমস্ত সীমাবদ্ধতার ঊর্ধ্বে তথা অসীম, অবিনশ্বর ও শাশ্বত। বস্তুত সেই তিনিই হলেন আল্লাহ সুবহানাল্লাহ তা'য়ালা।

তাই জন্ম-মৃত্যু বিহীন ও সীমা-পরিসীমা হীন আল্লাহ পাকের পবিত্র একক সত্ত্বা ও অস্তিত্ব বিষয়ে সন্দেহের কিছু নেই এবং সন্দেহের অবকাশ নেই সর্বশক্তিমান আল্লাহ পাক সম্বন্ধে আল-কোরআনের বিবরণীগুলোতেও। আল্লাহ পাক

সংক্রান্ত পরম এই সত্যগুলো বিজ্ঞানের এই যুগে উপলব্ধি ও বিশ্বাস করতে পারা খুবই সহজ যদিও এ বিষয় কোন আবিষ্কার উপস্থাপন করা বিজ্ঞানের পক্ষে অসম্ভব। ঠিক একই ভাবে এই মহাবিশ্বে জীবনের প্রকাশ ও বিকাশও বিজ্ঞানের আবিষ্কার বহির্ভূত বিষয় এবং এ ক্ষেত্রেও বিজ্ঞান ভিত্তিক ধারণা ও উপলব্ধি বোধই একমাত্র উপায় যা বুঝতে সাহায্য করে জীবন সংক্রান্ত কোরআনিক বিবরণীগুলোর যথার্থতা।

বিজ্ঞান আল্লাহ পাকের হুকুম মাত্র
প্রমাণ পবিত্র মে’রাজ

সমস্ত জগত সমূহের একক স্রষ্টা মহান আল্লাহ্ পাক। জ্ঞান-বিজ্ঞানের উৎসও তিনিই। তিনি সদা সর্বদা বিরাজমান এবং সদা প্রকাশিত। মানুষের কাছে অতীত, বর্তমান, ভবিষ্যৎ হিসেবে কাল বা সময়ের যে রূপরেখা রয়েছে তাতে তিনি আবদ্ধ নন। বরং সেসব সবই আল্লাহ্ পাকের কাছে সব সময়ের জন্যে সদা প্রকাশিত বর্তমান, সবই তাঁর একক হুকুমের অধীন। তাই কাল, সময় ও বিজ্ঞান তথা সবই তাঁর নির্দেশ পালনে বাধ্য। পরম এই সত্যের অকাট্য প্রমাণ দেয়া হয়েছে পবিত্র মে'রাজের ঘটনাবলীতে।

উল্লেখ্য আমরা সময়কে দেখি সদা বহমান। এর যেন কোন শুরু ছিল না, এ যেন কখনো থামার নয়। তবে এখন আমরা জানি ‘ব্ল্যাক হোল’-এর ক্ষমতা আছে এই সময়কে আটকে দেয়ার। কিন্তু মহান আল্লাহ পাক এই সময়েরও স্রষ্টা আবার ‘ব্ল্যাক হোলের’ও স্রষ্টা। তাই সময়কে আটকাতে তাঁর কোন মেকানিজমের প্রয়োজন নেই, এক্ষেত্রে তাঁর একটা হুকুমই যথেষ্ট হওয়ার কথা। বস্তুত পবিত্র মে'রাজের রাতে সেটাই করে দেখিয়েছেন সর্বশক্তিমান পরম স্রষ্টা মহান আল্লাহ সুবহানাল্লাহ তা’য়ালা। মে’রাজ সংক্রান্ত হাদিসসমূহের বর্ণনাতে বলা হয়েছে যে সমস্ত জগতসমূহ পরিভ্রমণ শেষে ফিরে এসে রাসূলুল্লাহ সা: তাঁর অজুর পানিকে পেয়েছিলেন তখনও গড়িয়ে চলা অবস্থায়। বিছানা-বালিশ পেয়েছিলেন তেমনই উষ্ণ যেমন ছিল সে সব ছেড়ে যাওয়ার সময়। অর্থাৎ প্রিয় বন্ধু মহান আল্লাহ পাকের সাথে সাক্ষাৎ লাভের

পরিযাত্রায় তথা মে'রাজের মূহুর্তে মহা জগত জুড়ে সময় ছিল স্থির। নিথর ছিল সময়ের প্রবাহ। যা কিনা সমস্ত জগত সমূহের উপর একক কর্তৃত্বের অধিকারী শুধুমাত্র আল্লাহ পাকের হুকুমেই সম্ভব।

অন্যদিকে কোন ধরণের স্পেস স্যুট ছাড়াই প্রিয় বন্ধুকে সৃষ্টি সীমার উর্ধ্বে নিয়ে আল্লাহ পাক এই সত্যটাও স্পষ্ট করেছেন যে শুধুমাত্র সময়, অভিকর্ষ বা মাধ্যাকর্ষণই নয় বরং সৃষ্ট এই মহাজগতে যত ধরনের তত্ত্ব-সূত্র, জ্ঞান-বিজ্ঞান ও প্রযুক্তিসমূহ চালু আছে সেগুলোর কোনটারই মুখাপেক্ষী নন সর্বশক্তিমান আল্লাহ পাক। বরং ঐ সব তত্ত্ব, সূত্র ও প্রযুক্তিসমূহ তথা সায়েন্স বলতে যা কিছু বুঝায় সেগুলোও একমাত্র তাঁরই সৃষ্টি, তাঁরই মুখাপেক্ষী এবং তাঁর নির্দেশ পালনে বাধ্য। আল্লাহ পাক চাওয়া মাত্রই সেই সব সায়েন্স ও বিজ্ঞান এবং শক্তি ও সূত্রসমূহ স্থান-কাল-পাত্র নির্বিশেষে যে কোন সময় যে কোন স্থানে যে কারো জন্যে অকার্যকর বা পরিবর্তিত হতে বাধ্য। এহেন সর্বময় পরম শক্তির উপস্থিতিকে আজকের বিজ্ঞানীরাও বারবার অনুভব করছে তাদের মহাকাশ গবেষণায়। একত্বকে মেনে নেয়া ছাড়া অন্য কোন ভাবেই আর সম্ভব হচ্ছে না এই অবস্থাকে ব্যাখ্যা করা। তাই কসমোলজি বা এস্ট্রো-ফিজিক্সের ভাষায় এর নাম দেয়া হয়েছে সিঙ্গুলারিটি (Singularity) যা কিনা মহান আল্লাহ পাকের সর্বময় একক কর্তৃত্বেরই বৈজ্ঞানিক স্বীকৃতি বিশেষ।

তবে স্পেস স্যুটের ব্যবস্থা না থাকলেও মহাশূন্য ও মহাকালের পথে যাত্রার পূর্বে রাসূলুল্লাহ সা:-এর হৃৎপিণ্ডকে জমজমের পানিতে ধোয়া হয়েছিল অতি নিপুণ ভাবে (মে'রাজ সংক্রান্ত বোখারি ও মুসলিম শরিফের হাদিস দ্রষ্টব্য)। এর দ্বারা

সুস্পষ্ট ভাবে ইঙ্গিত করা হয়েছে যে 'জাগ্রত ও সচেতন অবস্থায়' পৃথিবী ছাড়তে হলে মানুষ মাত্রই সবাইকে হতে হবে নীরোগ ও বিশিষ্ট স্বাস্থ্যের অধিকারী যাতে বিশেষ গুরুত্ব পাবে 'হার্ট কন্ডিশন'। হার্টের ব্যাপারে এই একই রকম ব্যাপক উপযুক্ততার পরীক্ষা আজকের প্রতিটি মহাশূন্যচারীর জন্যেও এক কঠিন বাস্তবতা। এজন্যে তাদেরকে পানির নীচে 'প্রায় ওজন শূন্য' অবস্থায় মাসের পর মাস ধরে কঠিন অনুশীলনের মাধ্যমে তৈরি হতে হয়। মহাশূন্যের মাত্র কয়েক শত মাইল পাড়ি দিতে যেখানে হার্টের যত্ন করতে হয় এতো আয়োজন করে, সেখান আল্লাহ্ পাকের আরশে আজিম পর্যন্ত গন্তব্য হওয়ার কারণে নবীজি সা:-এর হার্টের পরিচর্যা করতে হয়েছিল যথার্থই আরও ব্যাপক ভাবে, আরও নিখুঁত ভাবে।

পৃথিবীবাসী মানুষের শারীরিক ও পরিপার্শ্বিক সীমাবদ্ধতার এই বিষয়টি বিভিন্ন আঙ্গিকে পরিষ্কার ভাষায় উল্লেখ করা হয়েছে পবিত্র আল-কোরআনে। বলা হয়েছে যে, পৃথিবীতে বসবাস কালীন সময়ে মানুষের অবস্থা সৃষ্টিগত ভাবেই আল্লাহ পাকে চাক্ষুষ দেখার জন্যে অথবা আল্লাহর সাথে সাক্ষাতে কথা বলার জন্যে উপযুক্ত নয় (সূরা ৬: আয়াত ১০৩; ৪২: ৫১ দ্রষ্টব্য)। অর্থাৎ সজাগ অবস্থায় সশরীরে কেউ আল্লাহকে দেখতে চাইলে তাকে অবশ্যই ছাড়তে হবে এই নশ্বর জগতের সীমানা এবং সেজন্যে তাকে শারীরিক সীমাবদ্ধতা ত্যাগ করে প্রস্তুত হতে হবে তথা 'ফরমেটেড' হতে হবে বিশেষ ভাবে। অত্যাবশ্যক এই পরিবর্তন ব্যতিরেকে রক্ত-মাংসের শরীর নিয়ে আল্লাহ্ পাককে দেখতে পাওয়া মানুষের পক্ষে সম্ভব নয় কোন ভাবেই।

তাই মে'রাজের প্রস্তুতি লগ্নে রাসূলুল্লাহ সা:-এর হৃৎপিণ্ড ধৌত করাটা মূলত ছিল নবীজির মধ্য থেকে মানবীয় ও পার্থিব সকল সীমাবদ্ধতা দূর করে তাঁকে আল্লাহ পাকের চাক্ষুষ দর্শনের জন্যে প্রস্তুত করারই চূড়ান্ত প্রক্রিয়া। এ লক্ষ্যে নবীজির হার্টকে শুধু পার্থিব চিন্তা-ভাবনা ও রোগ-শোক মুক্তই করা হয়নি বরং সেই শূন্য স্থানকে আবার পূর্ণও করা হয়েছিল আল্লাহ পাকের নূর, রহমত ও হেকমতের মত অত্যাবশ্যক গুণাবলী দিয়ে (মে'রাজ সংক্রান্ত বোখারি ও মুসলিম শরিফের হাদিস দ্রষ্টব্য)।

এর দ্বারা মানুষকে বস্তুত বলে দেয়া হয়েছে যে 'টাইম মেশিনের' কল্পনা শুধুই সায়েন্স ফিকশন নয়, সেটা আসলেই বাস্তব। কিন্তু আল্লাহ পাকের নূর, রহমত ও হেকমত ছাড়া মহাকালের সেই পথ পাড়ি দেয়া কোন ভাবেই সম্ভব নয়। বলা অনাবশ্যক যে আল্লাহ পাকের নূর, রহমত বা হেকমত কোন টেকনিক্যাল বিষয় নয় যে মানুষ তার টেকনোলজি দিয়ে তা আয়ত্ত্ব করবে। এটা আল্লাহ পাকের একান্ত দয়ার দান ও করুণার বিষয়। অথচ হৃদযন্ত্রের এই পরিবর্তন (alteration) ছাড়া মহাজগতের গভীরে ভ্রমণ করা অসম্ভব। তাই সশরীরে মহাশূন্য ভ্রমণের ক্ষেত্রে আমরা খুব বেশী দূর এগুতে পাড়বো বলে মনে হয় না।

আল্লাহ পাক চাইলে তাঁর প্রিয় বান্দাকে হৃৎপিণ্ডের কোন প্রি-ট্রিটমেন্ট ছাড়াই মে'রাজে নিতে পারতেন। কিন্তু সেটা কোন ভাবেই মানুষের জন্য শিক্ষণীয় বা অনুধাবন যোগ্য হতো না। উপরন্তু সেটা হতো মানুষের অবস্থা যে 'আল্লাহ পাককে দেখতে পাওয়ার উপযুক্ত নয়' সে সংক্রান্ত আল-কোরআনের বক্তব্যের সাথে সাংঘর্ষিক। এতে ছিদ্রান্বেষীরা

সুযোগ পেত কোরআনের ‘খুঁত’ ধরার আর অন্যদিকে সম্ভব হতো না সশরীরে নবীজি সা:-এর মে’রাজে যাত্রার স্বপক্ষে কোন যুক্তি দাঁড় করানো। উল্লেখ্য যে হযরত ঈসা আ:-কেও আল্লাহ পাক তুলে নিয়েছেন সশরীরে কিন্তু সেটা আল্লাহর সাথে সাক্ষাতের মিশন না হওয়ায় সেক্ষেত্রে হার্ট ট্রিটমেন্টের দরকার হয়নি। তাই নবীজির হৃৎপিণ্ড ধৌত করার ঘটনা সুনিশ্চিত ভাবে এটাই প্রতিষ্ঠিত করে যে রাসূলুল্লাহ সা: মে’রাজে গিয়েছিলেন সশরীরে এবং সেই ভ্রমণের পুরোটা সময় তিনি ছিলেন সম্পূর্ণ জাগ্রত ও সচেতন।

এরপরও এ বিষয়ে কারো মনে যাতে বিন্দুমাত্র কোন সন্দেহ থাকতে না পারে সেজন্যে আল্লাহ পাক নিজে এ প্রসঙ্গে পবিত্র আল কোরআনে সাক্ষ্য দিয়ে বলেন, ‘অতঃপর সে তাঁর আসল আকৃতিতে দৃশ্যমান হয়েছিল, এমন ভাবে যে সে ছিল ঊর্ধ্ব প্রান্তে। এরপর সে নিকটে এলো, আরও নিকটে এলো। এমন কি দুই ধনুক পরিমাণ দূরত্ব রইল, বরং আরও কম। অতঃপর আল্লাহ নিজ বান্দার প্রতি ওহী নাযিল করলেন, যা নাযিল করার ছিল। দৃষ্ট বস্তু সম্বন্ধে রাসূল কোন ভুল করেননি, ভুল বলেননি। তবুও কি তোমরা সেই বিষয়ে তাঁর সাথে বিতর্ক করছো? নিশ্চয়ই তিনি তাকে আরেকবার দেখেছিলেন সিদরাতুল মুনতাহার নিকটে, যার সন্নিকটে অবস্থিত জান্নাতুল মাওয়া, যখন সিদরাতুল মুনতাহা সমাচ্ছন্ন হচ্ছিল যার দ্বারা আচ্ছন্ন হওয়ার ছিল। তাঁর দৃষ্টি টলেনি, বিভ্রান্তও হয়নি এবং তিনি সীমা লঙ্ঘনও করেননি। নিশ্চয়ই তিনি তাঁর রবের বিশাল বিশাল অত্যাশ্চর্য নিদর্শনসমূহ অবলোকন করেছেন’ (৫৩: ৬~১৮ দ্রষ্টব্য)।

সূরা নজমের প্রথমদিকের এই আয়াতগুলোতে রাসূলুল্লাহ সা: কর্তৃক সশরীরে এবং সম্পূর্ণ সচেতন অবস্থায় জিবরাইল আ:-এর সাথে জান্নাতুল মাওয়ার কাছে অবস্থিত সিদরাতুল মুনতাহা পর্যন্ত গমন, অতঃপর আল্লাহ পাকের সাক্ষাৎ লাভ করে প্রত্যাদেশ প্রাপ্ত হওয়া এবং স্বচক্ষে জান্নাতসহ আল্লাহ পাকের অন্যান্য বিশেষ বিশেষ নিদর্শন সমূহ অবলোকন করার ঘটনাবলী সব এক সাথে ও একই ধারাবাহিকতায় বর্ণিত হয়েছে অল্প কথার হৃদয়গ্রাহী এবং অশ্রুতপূর্ব বর্ণনা শৈলীতে। সূরা বনী ইসরাইলেও রাসূলুল্লাহ সা: কর্তৃক রাত্রিকালীন ভ্রমণে মক্কার মসজিদুল হারাম থেকে জেরুসালেমের মসজিদুল আকসা পর্যন্ত যাওয়া এবং আল্লাহ পাকের কুদরতের নিদর্শনসমূহ দেখার বিষয় উল্লেখ করা হয়েছে সুস্পষ্ট ভাষায় (১৭: ১, ৬০ দ্রষ্টব্য)। পবিত্র কোরআনের এমন উপর্যুপরি বিবরণীগুলো প্রমাণ করে যে নবীজি সা:-এর মে'রাজে গিয়েছিলেন সশরীরে সম্পূর্ণ সচেতন অবস্থায় এবং সে সময় অকার্যকর হয়ে পড়েছিল বিজ্ঞানের সমস্ত তত্ত্ব সূত্র সমূহ।

উল্লেখ্য নিজের সৃষ্টিকর্তাকে চাক্ষুষ দেখার ইচ্ছা মানুষের আজন্ম কালের আকাঙ্ক্ষা। আল্লাহ পাকের প্রিয় নবী হযরত মুসা আ:-ও সেই আবদার করেছিলেন। উনার সম্প্রদায়ও এক পর্যায়ে তেমন দাবী তুলেছিল সম্মিলিত ভাবে (৭: ১৪৩; ২:৫৫~৫৬ দ্রষ্টব্য)। সাধারণ গণ-মানুষের এই অতি অবশ্যম্ভাবী অনুসন্ধিৎসা ও দাবীর যথার্থ কোন সমাধান আল্লাহ পাক দেবেন না তা হবার নয়। সে কারণেই আল্লাহর দরবারে তথা 'আরশে আজিমে' মানুষের প্রত্যক্ষ ও চাক্ষুষ পরিভ্রমণ ছিল অনিবার্য। আর সেই কাজটা যে আল্লাহ পাক

তাঁর শ্রেষ্ঠতম ও নিকটতম বন্ধুর জন্যে সংরক্ষিত রাখবেন সেটাই ছিল স্বাভাবিক। সর্বোচ্চ পর্যায়ের সাক্ষাৎ ও বৈঠকগুলো সব সময় এমন 'হাই-ভোল্টের' এবং একান্তই হয়ে থাকে। সেখানে উপস্থিত থাকতে পারে না তৃতীয় কেউ। আল্লাহ পাক ও রাসূলুল্লাহ সা:-এর মধ্যে সাক্ষাৎও ছিল তেমনই একান্ত। প্রত্যক্ষ সাক্ষাতের সেই মহান স্মৃতিকে সৃষ্টির মাঝে চির ভাস্বর করে রাখা হয়েছে তাঁদের মধ্যকার সালাম বিনিময়ের বাক্যগুলিকে প্রতিটি নামাজে তাশাহুদ হিসেবে অবশ্য পাঠ্য করে রাখার মাধ্যমে। তাই পবিত্র মে'রাজের পর এখন আর অদৃশ্য আল্লাহ পাক, পরকাল, বেহেশত-দোজখ ও তাঁর সৃষ্ট অনন্ত-অগণিত জগত সমূহের ব্যাপারে প্রশ্ন তোলার কোনই সুযোগ নেই। অবকাশ নেই আল্লাহ পাককে চাক্ষুষ দেখতে না পাওয়ার অজুহাত দেখানোর।

সর্বশক্তিমান আল্লাহ পাক ইচ্ছা করলে কোন রকম বাহন ছাড়াই রাসূলুল্লাহ সা:-কে মে'রাজে নিতে পারতেন। কিন্তু তা না করে তিনি পাঠিয়েছিলেন 'বোরাক' এবং সপ্তম আকাশের পর সেই বোরাককে পরিবর্তন করে রাসূল সা:-কে 'আরশে আজিম' পর্যন্ত নেয়া হয়েছিল 'রফরফ' নামক বাহনের মাধ্যমে (মে'রাজ সংক্রান্ত বোখারি ও মুসলিম শরিফের হাদিস সমূহ দ্রষ্টব্য)। এই দুই বাহন এবং নির্দিষ্ট সীমানায় গিয়ে সেগুলোর পরিবর্তন করার মাধ্যমে মানুষের কাছে মহাকাশ সংক্রান্ত বেশ কিছু বিষয় পরিষ্কার করেছেন বিশ্ব স্রষ্টা আল্লাহ পাক। তার একটা হল মহাজাগতিক পরিভ্রমণে থাকবে এলাকা ভিত্তিক বিবিধ পর্যায় বা ধাপ যেসব অতিক্রম করতে প্রয়োজন হবে বিভিন্ন ধরনের বাহনের। বস্তুত মানুষ এখন নিয়মিতই তা করছে গ্রহান্তর পাড়ি দেয়ার ক্ষেত্রে।

আর অন্য বিষয়টা হলো, একমাত্র মহান আল্লাহ পাকই যেহেতু সব কিছুর উপর পূর্ণ ক্ষমতাবান তাই তিনি চাইলে যে কোন সময় গাধা, ঘোড়া,খচ্চরের মত পশুকেও আলোর চেয়ে গতি সম্পন্ন করে মহাকাল ও মহাজগৎ পাড়ি দেওয়ার ক্ষমতা সম্পন্ন করতে পারেন। এ জন্যে তাঁর সামান্য একটি হুকুমই যথেষ্ট। তাই অতি ভঙ্গুর যানবাহনে নিকটস্থ কয়েকটা গ্রহ পাড়ি দিয়ে মানুষের পক্ষে কোন ভাবেই উচিত হবে না নিজেকে অতি ক্ষমতাবান মনে করা, ঠিক হবে না গর্বিত হওয়া।

এই 'বোরাক' কোন ইলেক্ট্রো ম্যাগনেটিক বাহন ছিল না, তেমন ধারণার কোন সুযোগ রাখা হয়নি এ সংক্রান্ত বর্ণনায়। হাদিসে সুস্পষ্ট ভাবে 'বোরাক'-কে একটি গাধা বা খচ্চর শ্রেণীর প্রাণী হিসেবে উল্লেখ করা হয়েছে। এমনকি একে যাতে একটা প্রাণী ছাড়া অন্য কিছু ভাবা সম্ভব না হয় সেটা নিশ্চিত করতে আরও পরিষ্কার করে বলে হয়েছে যে রাসূলুল্লাহ সা:-কে দেখে বোরাক এমন ভাবে লাফালাফি করছিল যে নবীজি সা: তার পিঠে উঠতে পারছিলেন না। এ অবস্থায় জিবরাঈল আ: বোরাককে আদেশ করেছিলেন শান্ত হতে এবং শুধুমাত্র তারপরই নবীজি সা: সক্ষম হয়েছিলেন তাতে চড়ে বসতে। আরও উল্লেখ করা হয়েছে যে মে'রাজের পথে জেরুসালেমে অবস্থিত মসজিদুল আকসায় নামাজের জন্য যাত্রা বিরতির সময়টাতে এই 'বোরাক'-কে বেঁধে রাখা হয়েছিল এক পাশে। সেই স্থানটা একটা কড়া দিয়ে এখনও চিহ্নিত করে রাখা আছে দর্শনার্থীদের জন্য।

আল্লাহ পাক যে তাঁর প্রিয় সৃষ্টি মানুষকে কোন রকম নিয়ম-কানুন বা কোন ধরনের বৈজ্ঞানিক তত্ত্ব-সূত্রের তোয়াক্কা

না করেও যখন তখন সশরীরে তাঁর একান্ত সান্নিধ্য পর্যন্ত নিতে পারেন তা মে'রাজের রজনীতে প্রত্যক্ষ ভাবে প্রমাণিত হওয়ার পর মানুষের প্রতি আল্লাহ পাকের অনন্ত দয়া ও ভালবাসা বিষয়ে কারো মনে আর কোন সন্দেহ থাকতে পারে না, থাকা উচিতও নয়। তাই সেই মহান মে'রাজের বিশেষ উপহার হিসেবে রাসূল সা:-এর হাতে নামাজকে তুলে দিয়ে সেই নামাজকেই যখন মুমিনের জন্য মে'রাজ তুল্য বিবেচনা করতে বলেন নবীজির মাধ্যমে তখন সেখানেও সন্দেহের কোন অবকাশ থাকতে পারে না। এই ঘোষণার মাধ্যমে দয়াময় আল্লাহ পাক বস্তুত সাধারণ গণ মানুষের জন্যেও অবারিত করে দিয়েছেন তাঁর সৃষ্ট সীমাহীন অনন্ত জগত সমূহ। বস্তুত নামাজই হলো সেই একমাত্র 'টাইম মেশিন' যাতে চেপে বসতে পাড়লে সাধারণ মানুষের পক্ষেও সম্ভব এই মর্ত লোকের সীমানা পেরিয়ে যাওয়া।

এটা এমনই এক অবারিত সুযোগ যে এ জন্যে মানুষের জ্ঞানী-গুণী, বৈজ্ঞানিক হওয়ার কোন প্রয়োজন নেই। দরকার নেই দুনিয়ার কোন বিদ্যারও। দরকার শুধুমাত্র সর্বশক্তিমানের একক মহাশক্তির কাছে নিঃশর্ত আত্মসমর্পণ। যার পথ ও পদ্ধতি উন্মুক্ত রাখা হয়েছে ধনী-গরীব, শিক্ষিত-অশিক্ষিত, এমনকি পার্থিব বিদ্যা-বুদ্ধিহীন অতি সাধারণ খেটে খাওয়া মানুষের জন্যেও। বস্তুত মুমিনের নামাজই হল 'বৈষয়িক সকল তত্ত্ব ও সূত্র বিহীন' সেই একমাত্র পথ যার মাধ্যমে মানুষের 'বিল্ট-ইন (Built-in)' আত্মার সাথে আল্লাহ পাকের 'চরম শক্তির' 'পরম সংযোগ' ঘটানো সম্ভব। পৃথিবীর বুকে বিশ্ব স্রষ্টার সত্যিকারের প্রতিনিধি হয়ে ওঠার জন্যে মানুষের মধ্যে স্রষ্টা সাথে এই 'একান্ত সম্পর্ক' স্থাপনের

সক্ষমতা থাকা অত্যাবশ্যক। এই 'সংযোগ' স্থাপনে যে মানুষ যতটা অগ্রগামী সে-ই এই বিশ্বের বুকে আল্লাহ পাকের প্রতিনিধি হিসেবে ততটা সফল।

বলাই বাহুল্য যে সমগ্র সৃষ্টির মধ্যে নামাজের পথে সব চাইতে অগ্রগণ্য ছিলেন আমাদের প্রিয় নবী হযরত মুহাম্মদ সা:। সেজন্যেই তিনি পৌঁছাতে পেরেছিলেন অনন্ত লোকের সর্বোচ্চ সীমানায়, হতে পেরেছিলেন আল্লাহ পাকের সবচেয়ে নিকটবর্তী। আল্লাহ পাকের সফলতম প্রতিনিধি হয়ে উঠার জন্যে যুগে যুগে তেমন সামর্থ্য ও যোগ্যতা অর্জন করতে সক্ষম হয়েছিলেন তাঁর প্রিয় বান্দারা। উনাদের অবস্থা এমন ছিল যে তাঁদের শরীরে বিদ্ধ তীর যখন ব্যথার কারণে বের করা অসম্ভব হয়ে পড়তো অথবা যুদ্ধের ক্ষত চিকিৎসা করা যখন দুরূহ হয়ে উঠত তখন তা করা হতো তাঁরা নামাজে দাঁড়ানোর পর। নামাজ তাদেরকে নিয়ে যেত পার্থিব সব চাওয়া-পাওয়া ও আবেগ-অনুভূতির ঊর্ধ্বে অন্য জগতে তথা মে'রাজের পথে, আল্লাহ পাকের পরম সান্নিধ্যে। তাই টের পেতেন না ব্যথা বেদনা কিছুই। এখনও নায়েবে নবী, আলেম-ওলামা এবং মুমিন মুসলমানদের মধ্যে নামাজের মাধ্যমে যাবতীয় সমস্যা সমাধানের চেষ্টা বর্তমান। এতে সফল্যের উদাহরণও রয়েছে ভুরিভুরি। রোজ হাশরের বিচারেও আল্লাহর সাথে বান্দার এই সম্পর্ককেই মূলত বিশ্লেষণ করা হবে চুল-চেরা ভাবে তথা এই নামাজই হবে বান্দার হিসাব-নিকাশের মূল। এর ভিত্তিতেই নির্ধারিত হবে মানুষের সাফল্য ও ব্যর্থতা এবং চূড়ান্ত হবে বিচারে উত্তীর্ণদের শ্রেণী বিন্যাসও।

অতএব বস্তু কেন্দ্রিক বা বৈষয়িক কোন জ্ঞান- বিজ্ঞান, বিদ্যা- দীক্ষা বা ধ্যান- ধারণার জন্যে অপেক্ষা না করে,

এমনকি সেসবের প্রতি কোন ভ্রুক্ষেপ না করেও শুধুমাত্র সর্বশক্তিমান এক আল্লাহ পাকের উপরে সর্বক্ষেত্রে শর্তহীন ভাবে নির্ভর করে তথা 'সর্বময় শক্তির' 'একমাত্র পরম উৎসের' সাথে সদা-সর্বত্র নিঃশর্ত ভাবে সংযুক্ত থাকার মাধ্যমেই মানুষ ঘটাতে পারে তার মাঝে লুক্কায়িত অনন্ত সম্ভাবনার (Infinite Potential) সর্বোচ্চ বিকাশ এবং পেতে পারে তার প্রাপ্য অনুপম ও চূড়ান্ত সাফল্য, এটাই হলো পবিত্র মে'রাজের মূল শিক্ষা এবং প্রধান দর্শন।

এমন সুস্পষ্ট প্রমাণপঞ্জি ও প্রকাশ্য নিদর্শনসমূহের পরও যারা নিজেদের কথিত বিদ্যা-বুদ্ধি ও অর্জনকেই অভ্রান্ত মনে করে আল্লাহ তা'য়ালার সর্বময় ক্ষমতা ও শ্রেষ্ঠত্বকে মানতে অস্বীকার করবে অথবা চ্যালেঞ্জ করবে যত্রতত্র তাদেরকে আল্লাহ পাক গর্ব করার ব্যাপারে কঠোর ভাবে সতর্ক করেছেন আল-কোরআনের চিরস্থায়ী বাণীর মাধ্যমে। পরিষ্কার করে বলেছেন যে পৃথিবীর বুকে অহংকার করার কোন অধিকারই মানুষের নেই (৭: ১৪৬ দ্রষ্টব্য)। কারণ মানুষের পক্ষে আকাশ ফুঁড়ে বা মাটি ভেদ করে আল্লাহর রাজত্বের সীমা ছেড়ে অন্য কোন রাজ্যে চলে যাওয়া সম্ভব নয় এবং আল্লাহকে কোন ক্ষেত্রে পরাস্ত বা অক্ষম করাও কারো পক্ষেই সম্ভব নয় কখনো (১৭:৩৭; ২৯:২২ দ্রষ্টব্য)।

তাই মহাশূন্য গবেষণা সহ বিজ্ঞানের বিভিন্ন শাখায় মানুষের বর্তমান সাফল্যে দুর্বিনীত হয়ে ওঠার কোন সুযোগ আমাদের নেই। তেমন অযাচিত অহং হবে ভয়াবহ মূর্খতা মাত্র। সেই কঠিন সত্যটাই চাক্ষুষ প্রমাণ সহকারে খুব পরিষ্কার ভাবে প্রকাশিত পবিত্র মে'রাজের শিক্ষাতে।

কৃত্রিম প্রাণ ও পাথরের জীবন

আত্মাই জীবনের মূল

উল্লেখ্য সব প্রাণীরই জীবন আছে কিন্তু সব জীবন-ধারীই প্রাণী নয়। গাছ-পালা-উদ্ভিদও জীবিত কিন্তু তারা প্রাণী নয়। প্রাণী ও উদ্ভিদের জীবনের মধ্যে পার্থক্য বিস্তর। প্রাণীর দেহে থাকতে হয় রক্তের প্রবাহ যার জন্যে দরকার পরে যকৃত, ফুসফুস, হৃৎপিণ্ড যা বৃক্ষ- লতাতে অনুপস্থিত। গুরুতর এই পার্থক্য সত্ত্বেও যেহেতু তারা উভয়েই জীবিত তাই এই দুই-এর মধ্যে অবশ্যই আছে 'সাধারণ বা কমন কোন ফ্যাক্টর'। বস্তুত এটাই হলো 'আত্মা (Soul)'। অর্থাৎ জীবিত থাকার মূল শর্তই হলো 'আত্মা'র উপস্থিতি। রক্তের প্রবাহ বা হৃৎপিণ্ডের ধুকপুক দ্বারা আমরা প্রাণী দেহে জীবনের অস্তিত্ব উপলব্ধি করি ঠিকই কিন্তু সেটা মোটেই 'আত্মা'র উপস্থিতি নির্দেশ করে না আর তাই উদ্ভিদের দেহে এই ধুকপুকের কোন অস্তিত্বই খুঁজে পাওয়া যায় না যদিও সেখানে আছে 'জীবন'।

আত্মার কারণেই জীবন হলেও প্রাণী জীবনের অর্থপূর্ণ বিস্তৃতির জন্য প্রয়োজন ব্যাপক ভিত্তিক চিন্তাশক্তি এবং সেই চিন্তাকে কাজে পরিণত করার জ্ঞান ও প্রজ্ঞা। এই একটি ক্ষেত্রেই মানুষ অনন্য এবং অন্য সব জীব থেকে সেরা। অন্যান্য জীবের চিন্তার ক্ষমতা সুনির্দিষ্ট এবং কর্ম প্রয়াসও গণ্ডিবদ্ধ। তাই গাছের পক্ষে সম্ভব নয় ফটোসিন্থেসিসের বাহিরে অন্য কোন পদ্ধতিতে জীবন ধারণ করা। উইপোকা বা বাবুই পাখীর সাধ্য নেই তাদের নির্দিষ্ট নিয়মের বাহিরে ঘর

তৈরি করা। মৌমাছিরও উপায় নেই ফুলের মধু সংগ্রহ করা ছাড়া।

জ্ঞাত এইসব প্রাণ ছাড়াও দুনিয়া জুড়ে রয়েছে অজ্ঞাত আরও অনেক কিছু, রয়েছে মানুষের অজানা জীবনও। রয়েছে জ্বীন ও ফেরেশতার মত অদৃশ্য সৃষ্টি। অদৃশ্য হলেও এদের অস্তিত্ব বিভিন্ন ভাবে প্রমাণিত। তবে এদের বিষয়ে একমাত্র আল- কোরআনই বলে বিস্তারিত। কোরআনের ভাষ্য মতে জ্বীন হলো আগুনের তৈরি অহংকারী এক জাতি এবং জ্ঞান ও প্রজ্ঞার চাইতে দৈহিক শক্তিই তাদের জীবন-যাপনের মূল ভিত্তি তাই তারা চিন্তা শক্তির সফল প্রয়োগে খুবই দুর্বল (২:৩৪; ৭:১২; ১৫:৩৩; ২৭:৩৯; ৩৮:৭৪~৭৬ দ্রষ্টব্য)। অন্যদিকে ফেরেশতারা হলো একনিষ্ঠ ভাবে শুধুই আল্লাহর আজ্ঞাবহ এবং নিজস্ব চিন্তা ও সাধনার ক্ষেত্রে তাদের সক্ষমতা ব্যাপক ভাবে নিয়ন্ত্রিত (১৯:৬৪; ৩৭:১৬৪~১৬৬ দ্রষ্টব্য)। অর্থাৎ এই বিশ্ব জগত জুড়ে ছড়িয়ে রয়েছে একমাত্রিক, দ্বিমাত্রিক, ত্রিমাত্রিক তথা বিবিধ মাত্রার বহুবিধ জীবন, তবে এসবের মধ্যে মানুষই হলো একমাত্র জীব যা কিনা 'বহুমাত্রিক' (Multi-dimensional)। এই 'বহুমাত্রিকতা' মানুষের 'বিল্ট-ইন- ক্যাপাসিটি' তথা 'সৃষ্টিগত বৈশিষ্ট্য' এবং বিশেষ এই বৈশিষ্ট্যের কারণেই মানুষ হলো সকল সৃষ্টির সেরা।

বহুমাত্রিক এমন সৃষ্টির যিনি স্রষ্টা তিনি যে হবেন অতিমাত্রিক তা বলাই বাহুল্য। বস্তুত তিনিই যেহেতু সমস্ত 'মাত্রা' বা 'ডাইমেনশন' সমূহের স্রষ্টা তাই তিনি মূলত সকল মাত্রার উর্ধ্বে 'মাত্রাহীন' এক সত্ত্বা। এই তিনিই হলেন স্বয়ং আল্লাহ রব্বুল আল-আমিন। এহেন 'মাত্রাহীন' সত্ত্বার কাজকর্ম

সামান্য আন্দাজ করতে হলেও 'বহুমাত্রিক' গুণের অধিকারী হওয়া আবশ্যক। তাই শুধু মানুষের পক্ষেই সম্ভব আল্লাহর কাজকে কিছুটা হলেও বুঝতে পারা এবং বিশ্লেষণ করতে পারা। মানুষের এই বিশ্লেষণী ক্ষমতাকে আল্লাহ পাক স্বয়ং শাণিত করেছেন নিজ হাতে তাকে শিক্ষা দিয়ে (২:৩১; ৯৬:৪~৫ দ্রষ্টব্য)। নিবিড় এই শিক্ষা প্রক্রিয়ায় আল্লাহ পাক মানুষের কাছে এই সত্যটা স্পষ্ট করেছেন যে মানুষের 'মাত্রা' যতই 'বহুমুখী' হোক না কেন সেটা কোন অবস্থাতেই আল্লাহ পাকের 'অতিমাত্রিক বা মাত্রাহীন' সত্ত্বাকে টক্কর দেয়ার জন্য যথেষ্ট নয়। বরং 'অতিমাত্রিক' সেই একক স্রষ্টার পরম শক্তির সাথে সার্বক্ষণিক ভাবে সংযুক্ত থাকার মাধ্যমেই সম্ভব মানুষের বহুমাত্রিক 'বিল্ট-ইন' ক্যাপাসিটির পূর্ণ সদ্ব্যবহার করা।

তাই প্রতিটি জীবনের মূলে রয়েছে যে 'আত্মা' তার বিষয়ে জানতে হলে আমাদেরকে ইচ্ছায় হোক বা অনিচ্ছায় হোক, অবশ্যই যেতে হবে সেই 'মাত্রাহীন' একক স্রষ্টার কাছে যিনি প্রকৃতপক্ষে এই আত্মারও স্রষ্টা এবং অধিকর্তা। বস্তুত সে কারণেই পরম স্রষ্টা আল্লাহ পাকের ঐশী বাণীর শেষ সংকলন পবিত্র আল কোরআনেই কেবল পাওয়া যায় 'আত্মা' সংক্রান্ত সবচেয়ে তাৎপর্যপূর্ণ ও গ্রহণযোগ্য তথ্য।

আত্মার পরিচয় ও কর্ম পদ্ধতি

পবিত্র কোরআনে আত্মাকে বলা হয়েছে 'রূহ' বা 'নফস' (১৭:৮৫; ৩৮:৭২; ৩৯:৪২ দ্রষ্টব্য) এবং এই রূহকে বর্ণনা করা হয়েছে 'আল্লাহর নির্দেশ বা কমান্ড' হিসেবে, সাথে এটাও স্পষ্ট করে বলা হয়েছে যে এই রূহকে বিশ্লেষণ করার মত পর্যাপ্ত জ্ঞান মানুষকে দেয়া হয়নি (১৭:৮৫ দ্রষ্টব্য)।

আত্মা যে একটা 'নির্দেশ' এবং সেটা যে মানুষের জ্ঞানের বিষয় নয় তার প্রমাণও দিয়েছে আল- কোরআন। বলা হয়েছে 'পাথরের মধ্যেও এমন পাথর আছে যা আল্লাহর ভয়ে ফেটে যায়, গড়িয়ে পড়ে' (২:৭৪ দ্রষ্টব্য)। আরও বলা হয়েছে 'আল্লাহর পথে শহীদদেরকে মৃত বলো না, তারা নিজেদের পালনকর্তার কাছে জীবিত এবং জীবিকা প্রাপ্ত' (৩: ১৬৯ দ্রষ্টব্য)। 'আকাশে ও পৃথিবীতে যা কিছু আছে তার সবই আল্লাহর প্রশংসা সহ তাঁর নামে তসবিহ পাঠ করে থাকে কিন্তু তোমারা বুঝতে পারো না' (১৭: ৪৪ দ্রষ্টব্য)। 'পর্বত ও পক্ষীকুল ছিল দাউদের অনুগত, তারা তার সাথে আল্লাহর তসবিহ পাঠ করতো (২১:৭৯ দ্রষ্টব্য)।

অর্থাৎ পাথর ও পাহাড়েরও জীবন আছে। তার মানে এই মহাবিশ্বের সব কিছুই আত্মাধারী তথা জীবিত যদিও আমরা তা অনুধাবন করতে পারি না। তাই মহা এই জগতের অন্য কোথাও অন্য কোন গ্রহে আমাদের মত প্রাণী আছে কিনা তা নিয়ে গবেষণা যুক্তিযুক্ত হলেও সেখানে জীবনের সন্ধান করা অর্থহীন। বরং পাহাড়, পর্বত ও পাথরের জীবনের স্বরূপ কেমন হতে পারে তা নিয়ে গবেষণা হওয়াই বোধকরি অধিক যুক্তি সঙ্গত। তবে সেই জীবনকে বুঝতে হলে প্রয়োজন 'অতিমাত্রিক' জ্ঞান। মানুষের 'বহুমাত্রিক' জ্ঞান সে ক্ষেত্রে অকার্যকর। এজন্যেই জ্ঞান-বিজ্ঞানের এত অগ্রগতির পরও আত্মা বিষয়ে আমাদের জ্ঞান এখনো শূন্য।

আত্মা যেহেতু একটা 'আদেশ' তাই সেটা ফিরিয়ে নেয়া তথা প্রত্যাহার করাও সম্ভব। যিনি আদেশ দেন বস্তুত তিনিই শুধু পারেন সেই আদেশ ফিরিয়ে নিতে। ঠিক সেটাই হয়ে থাকে জীব দেহে। আত্মা, নফস বা রূহ নামক আল্লাহর

এই 'নির্দেশ' জীব দেহে আসা-যাওয়া করে থাকে আল্লাহ পাকের ইচ্ছা মত। বিষয়টা স্পষ্ট করা হয়েছে আল-কোরআনের ঘুম সংক্রান্ত আয়াতে, বলা হয়েছে ঘুমের মধ্যে 'আত্মা' জীব দেহ ছেড়ে যায়। অতঃপর আল্লাহর 'সেই নির্দেশ' দেহে ফিরতে পারে যদি জীবনের সিদ্ধান্ত হয়, আবার নাও ফিরতে পারে যদি মৃত্যুর সিদ্ধান্ত হয়ে থাকে (৬:৬০; ৩৯:৪২ দ্রষ্টব্য)।

এখানে লক্ষণীয় যে ঘুমের মধ্যে জীবদেহের শ্বাস-প্রশ্বাস স্বাভাবিক থাকা সত্ত্বেও এই বর্ণনায় তাকে 'আত্মাহীন' বলা হয়েছে। এটা প্রমাণ করে যে দেহের মাঝে বিদ্যমান হৃৎপিণ্ডের ধুকপুক আর শ্বাস-প্রশ্বাসের স্বাভাবিকতাই জীবন নয় কারণ সেগুলোর উপস্থিতি 'আত্মা'র উপস্থিতিকে নির্দেশ করে না। তাই হৃৎপিণ্ড আর শ্বাস-প্রশ্বাসের ব্যবস্থা ছাড়াই পাহাড় ও পাথরেরও জীবন সম্ভব যদি তাতে আল্লাহ পাকের 'আদেশ' থেকে থাকে।

প্রাণীদেহে হৃৎপিণ্ডের স্পন্দন আর শ্বাস-প্রশ্বাসের উপস্থিতি দিয়ে আমরা মূলত ঐ দেহ কর্তৃক 'আত্মাকে ধারণ করার ক্ষমতা' আছে কিনা তাই বুঝে থাকি। সে জন্যেই কেউ যখন 'কমা'তে চলে যায় তখনও আমরা সেখানে 'আত্মা' ফিরে আসার আশা করে থাকি। পক্ষান্তরে দেহে যখন কোন স্পন্দনই থাকে না তখন সেটা হয়ে পড়ে 'আত্মা ধারণের অযোগ্য', তখন তাকে ঘোষণা করা হয় 'মৃত' হিসেবে। গাছ-গাছালিরও রয়েছে শ্বাস-প্রশ্বাসের ক্ষমতা। প্রতিকুল পরিবেশে সেগুলোও হয়ে পড়ে 'মৃতপ্রায়', চলে যায় 'কমায়' এবং প্রাণ পায় আবার অণুকুল অবস্থায়।

এসব সবই দেহের ভিতর 'আত্মা' নামক আদেশের যাওয়া-আসা এবং সেই আদেশকে নিজের মধ্যে ধারণ করতে পারা বা না পারার অবস্থা ও পরিস্থিতির নির্দেশক। এটা বস্তুত 'ভয়েস এক্টিভেশন' (Voice Activation)। যে ফোনের উদ্দেশ্যে মৌখিক 'কমান্ড' দেয়া হচ্ছে সেই ফোনে ঐ নির্দেশ গ্রহণ ও কার্যকর করার মত সার্কিট বা রাসায়নিক উপাদান ঠিক ঠিক ভাবে থাকলে তবেই ফোনটা কাজ করে 'কমান্ড' অনুযায়ী। বলাই বাহুল্য যে 'মুখ যার নির্দেশ হয় শুধুই তার'। কিন্তু যে ফোন সেই নির্দেশের গ্রাহক (Receiver) সেটা যে কেউ ব্যবহার করতে পারে, এমনকি সেটার ভেতর পরিবর্তন-পরিবর্ধনও করতে পারে যে কেউ। অর্থাৎ মুখের 'নির্দেশের' ব্যাপারে 'আদেশ দাতা' ব্যতীত অন্য কারো কিছু করার না থাকলেও ঐ নির্দেশের গ্রাহকের উপর অন্যদের নিয়ন্ত্রণ থাকা সম্ভব।

ঠিক এ কারণেই চেতনা নাশকের মাধ্যমে মানুষ নিজের 'ঘুম' নিজে নিয়ন্ত্রণ করতে পারে। এ ক্ষেত্রে ঔষধ প্রয়োগে 'দেহ নামক গ্রাহক'-এর অবস্থার পরিবর্তন হওয়ায় সেটা 'আত্মা নামক কমান্ড'কে নিজের মধ্যে ধারণ করার ক্ষমতা হারায়, তাই ঘুমিয়ে পড়ে দেহ। সাধারণ ঘুমের মত এ ক্ষেত্রেও দেহ ছেড়ে আত্মা চলে যায় বলেই ঘুমের সৃষ্টি হয় এবং সেই আত্মা দেহে ফিরতেও পারে, আবার নাও ফিরতে পারে। যেহেতু আত্মার আদেশ দাতার উপরে কারোরই কোন ক্ষমতা নেই তাই ঔষধ-পথ্য ব্যবহার করে দেহের মধ্যে আত্মার ফেরত আসা নিশ্চিত করাও কারো পক্ষে সম্ভব নয়।

এরপরও এই দুই ঘুম এক নয়, এদের মধ্যে পার্থক্য বিস্তর। সাধারণ ঘুমে এপাশ-ওপাশ করা যায় যা চেতনা

নাশকের ঘুমে সম্ভব নয়। সাধারণ ঘুমের পর শরীরে ফিরে আসে প্রাণ শক্তি ও প্রশান্তি। কিন্তু চেতনা নাশকের ক্ষেত্রে অবস্থা হয় উল্টো। তীব্র পার্শ্ব প্রতিক্রিয়ার কারণে শরীর স্বাভাবিক হতে লেগে যায় দীর্ঘ সময়। বস্তুত ঔষধ-ইনজেকশনের মাধ্যমে নিজের ক্ষুদ্র ক্ষমতা প্রয়োগ করতে গিয়ে আমরা আমাদের দেহ ব্যবস্থার এতটাই ক্ষতি করে থাকি যে সেখানে আল্লাহ পাকের আদেশ ফেরত আসার প্রাথমিক নিখুঁত অবস্থা আর অক্ষত থাকে না। তাই চেতনা নাশকের ঘুমের পর সেই দেহে আত্মার প্রত্যাবর্তন হয় কষ্টসাধ্য ও সময় সাপেক্ষ।

উল্লেখ্য মহান আল্লাহ পাক নিজে নিখুঁত এবং তাঁর সব কাজ-কর্ম ও আদেশ-নিষেধও নিখুঁত তাই আত্মা নামক তাঁর আদেশের যথাযথ অবস্থানের জন্যেও দরকার নিখুঁত অবকাঠামো। সেজন্যেই মাতৃগর্ভে ডিম্বাণু ও শুক্রাণুর সফল মিলনের পরও যথাযথ দেহ কাঠামো গড়ে না ওঠা পর্যন্ত সেখানে আত্মা প্রবেশ করে না এবং আত্মা না থাকায় সেটাকে জীবিতও বিবেচনা করা হয় না। তেমন 'নিখুঁত' অবস্থার ব্যবস্থা করা বস্তুত শুধুমাত্র অতিমাত্রিক আল্লাহর পক্ষেই সম্ভব, মানুষের বহুমাত্রিক ক্ষমতা ও জ্ঞান সে ক্ষেত্রে অক্ষম। এই সীমাবদ্ধতার কথাই মানুষকে স্পষ্ট ভাবে স্মরণ করিয়ে দেয়া হয়েছে পবিত্র কোরআনে (১৭:৮৫ দ্রষ্টব্য) যাতে জীবনকে বুঝতে মানুষ নিজের জ্ঞানকেই যথেষ্ট ভেবে ভুল না করে।

ভুয়া (Fake) আত্মার সম্ভাবনা ও উদাহরণ

দেহে হৃৎপিণ্ডের স্পন্দন মানেই প্রাণের উপস্থিতি নয়, সেটা আসলে একটা 'আপাত অবস্থা' মাত্র (Apparent condition)। এমন 'আপাত বা অসম্পূর্ণ' বিষয়গুলোই

বহুমাত্রিক মানুষের করতে পারে এবং করে থাকে। তাই আপাত প্রাণের 'স্পন্দন' (Apparent life) সৃষ্টি করাও মানুষের পক্ষে সম্ভব। তেমন 'আপাত প্রাণ' সাধারণ মানুষের জন্যে হতে পারে চরম বিভ্রান্তিকর। এ ক্ষেত্রে মানুষের সাফল্য লাভের একটি চমকপ্রদ ঘটনার উল্লেখ দেখা যায় পবিত্র আল-কোরআনে।

উল্লেখ্য ঐশী নির্দেশ প্রাপ্তির জন্য এক সময় হযরত মুসা আ:-কে গোত্রের দায়িত্ব আপন ভাই হযরত হারুন আ:-এর হাতে দিয়ে এক নাগারে চল্লিশ রাত কাটাতে হয়েছিল তুর পাহাড়ে। মুসা আ:-এর অনুপস্থিতে দ্রুত অবাধ্য হয়ে উঠেছিল তার জনগণ। হারুন আ: -এর সব উপদেশ ও নির্দেশ অমান্য করে তারা মেতে উঠেছিল মূর্তিপূজা আর অশ্লীলতায়। তাদের ধূর্ত নেতা সামেরী স্বর্ণালংকার গালায়ে পূজার জন্যে একটি বাছুর তৈরি করেছিল যা অতি বিস্ময়কর ভাবে 'হাম্বা হাম্বা' শব্দ করতে পারতো।

ফিরে এসে ক্ষুব্ধ মুসা আ: বাছুর তৈরির বিষয়ে জানতে চাইলে সামেরী এক 'বিশেষ ধূলি মাটি'র কথা বলেছিল যা সে সংগ্রহ করেছিল মুসা আ:-কে তুর পাহাড়ে নেয়ার জন্যে আসা ফেরেশতার ঘোড়ার পায়ের নীচ থেকে। সামেরী ঐ মাটিতে লক্ষ্য করেছিল 'বিশেষ এক তাজাল্লী বা জ্যোতি' যা অন্য করো নজরে পড়েনি। নিজের সংগ্রহে রাখা সেই মাটি বাছুরের মূর্তির ভেতরে নিক্ষেপ করলে স্বর্ণ নির্মিত বাছুরটি এমন ভাবে শব্দ করে উঠে যে লোকজন সেটাকে জীবিত ভাবতে এবং পূজা করতে শুরু করে (২: ৫১;৭: ১৪৮; ২০: ৮৫~৯৬ দ্রষ্টব্য)।

ঐ মাটিতে উল্লেখিত সেই ‘বিশেষ তাজাল্লী বা জ্যোতি’ নিঃসন্দেহে ইঙ্গিত করে কোন ‘বায়ো- রিয়্যাক্টিভ বা রেডিও- এক্টিভ ম্যাটেরিয়্যাল’ (Bio-reactive or Radioactive material) -এর উপস্থিতিকে যা ফেরেশতা ও তাদের বাহনের সাথে বাহিত হয়ে এসেছিল মহা-জাগতিক (Extra terrestrial) কোন স্থান থেকে যাতে ছিল প্রাণের স্পন্দন সৃষ্টির উপাদান।

উল্লেখ্য বিজ্ঞানের অগ্রগতির সূত্রে আমরা এখন নিশ্চিত ভাবেই জানি যে আমাদের এই পৃথিবীতে লোহার মত এমন অনেক পদার্থ আছে যা মূলত মহাশূন্যের আন্তঃ নাক্ষত্রিক এলাকা থেকে উল্কা পাতের মাধ্যমে সুদূর অতীতে এখানে পতিত হয়ে সংরক্ষিত হয়েছে। লোহা যে পার্থিব নয় বরং একটি মহাজাগতিক বস্তু তা পবিত্র কোরআনেও উল্লেখ করা হয়েছে সুস্পষ্ট ভাবে (৫৭:২৫ দ্রষ্টব্য)। এমনকি জীবদেহ গঠনের মূল রাসায়নিক পদার্থ যে অ্যামাইনো এসিড (Amino Acid) সেটাও মহাজাগতিক বলে জানা যাচ্ছে বিজ্ঞানের সাম্প্রতিক বিবিধ গবেষণায়। অজ্ঞাত দূর মহাজাগতিক স্থানসমূহ থেকে এই ধরনের রেডিও-এক্টিভ ম্যাটেরিয়াল ও কেমিক্যাল যে এখনো পৃথিবীতে আসছে তার ইঙ্গিত পাওয়া যায় কোরআনের সূরা আল-কদরে। সেখানে কদরের রাতে বিশ্বব্যাপী ফেরেশতাদের ব্যাপক গমনাগমনের কথা বলা হয়েছে স্পষ্ট ভাবে।

উল্লেখিত সামেরীর ঘটনার আলোকে ধারণা করতে অসুবিধা হয় না যে লাইলাতুল কদর এবং কোরআন ও হাদিসে বর্ণিত অন্যান্য বিশেষ বিশেষ সময়ে যখন ভূপৃষ্ঠে ফেরেশতাদের অধিক হারে গমনাগমন ঘটে থাকে তখন

পৃথিবীর বিভিন্ন স্থানে বিশেষ ভাবে 'চার্জড' বস্তুসমূহ পাওয়া যেতে পারে যা কিনা হতে পারে আত্মা বা প্রাণের উপাদানবাহী। যারা ফেরেশতাতে বিশ্বাসী নন তারা এটাকে উল্কা বৃষ্টির (Meteoroid shower) মতই এক ধরণের 'মহাজাগতিক রেডিয়েশনের' বৃষ্টি হিসেবে চিন্তা করতে পারেন, পার্থক্য শুধু উল্কা বৃষ্টি দৃশ্যমান কিন্তু ফেরেশতা বা রেডিয়েশনের ধারা অদৃশ্য ও মানুষের সাধারণ বোধের অতীত। অনুসন্ধানী মানুষের পক্ষে হঠাৎ কোন সময় এই ধরনের পদার্থের সন্ধান লাভ যে সম্ভব তারই ইঙ্গিত বহন করে আল-কোরআনে বর্ণিত সামেরীর ঐ ঘটনা।

এ রকম পদার্থ দ্বারা সৃষ্ট 'আপাত প্রাণ' সাধারণ মানুষের মধ্যে সৃষ্টি করতে পারে মহা বিভ্রান্তি এবং হতে পারে মহা বিপর্যয়কর। তেমন ভয়াবহ পরিস্থিতি থেকে অনাগত মানুষকে রক্ষা করতেই বোধকরি 'আপাত বা ভুয়া' প্রাণ সংক্রান্ত প্রকৃত তথ্য আল্লাহ পাক পবিত্র কোরআনে তুলে ধরেছেন সামেরীর ঘটনার মাধ্যমে।

আত্মার স্বরূপ

তথ্যগুলো এই সত্যকেই প্রতিষ্ঠিত করে যে 'আত্মা' হলো একটা 'ভয়েস এক্টিভেশন' (Voice Activation) যার মূল আল্লাহ পাকের 'হুকুম বা 'কমান্ড' যা বস্তুর মধ্যে কেমিক্যাল ও মেকানিক্যাল প্রতিক্রিয়া ঘটিয়ে ক্রিয়াশীল করে তোলে জড় পদার্থকে, সৃষ্টি করে জীবন। এখানে আল্লাহ পাকের মৌখিক 'আদেশ তথা কমান্ড'ই প্রধান এবং সেই কমান্ডের পেছনের মূল ইচ্ছা বা চিন্তাটা যে আসলে কি তা জানেন শুধুই আল্লাহ পাক, অন্য কারোরই সে বিষয়ে কোন জ্ঞান থাকা সম্ভব নয়। তাই মানুষের নগণ্য 'ভয়েস

41

এক্টিভেশন'-এর বিদ্যা দিয়ে আল্লাহ পাকের ঐ কমান্ডের পাঠোদ্ধার করা অসম্ভব।

তবে আল্লাহ পাকের ঐ নির্দেশের যে কেমিক্যাল ও মেকানিক্যাল দিক বা মাত্রা (Phase or Dimension) আছে তা মানুষের পক্ষে বিশ্লেষণ করা সম্ভব। এমনকি সৃষ্টির মূল কাঠামো ঠিক রেখে বস্তুর ভেতরের ঐসব কেমিক্যালের পরিবর্তন করাও মানুষের পক্ষে সম্ভব। চেতনা নাশকের সফল ব্যবহার তারই অন্যতম প্রমাণ। এ ধরণের পরিবর্তন ঘটিয়ে সম্প্রতি কৃত্রিম জীব কোষ তৈরিতেও সফল হয়েছে মানুষ।

মানব নির্মিত জীবকোষ

এ ক্ষেত্রে এককোষী ব্যাকটেরিয়ার একটা কোষকে পুরোপুরি খালি করে তাতে জীবনের রাসায়নিক উপাদানগুলো আবার ভরে সেটাকে পুণঃ জীবিত করা হয়েছে। এতে অত্যুৎসাহী মানুষের ধারণা হয়েছে যে তারা কৃত্রিম প্রাণ তৈরি করে ফেলেছে। কিন্তু বাস্তবতা হচ্ছে জীব কোষ তৈরির ঐ পরীক্ষায় বিজ্ঞানীরা যে সব কেমিক্যাল ব্যবহার করেছেন, ব্যাকটেরিয়ার যে কোষ ব্যবহার করেছেন, এমনকি ডিএনএ-এর রাসায়নিক উপাদানগুলোকে যে পদ্ধতিতে সাজিয়েছেন তার কোনটাই তারা নিজেরা আবিষ্কার করেননি। আল্লাহর তৈরি জীবনের সবচেয়ে সহজতম ডিএনএ-কে আল্লাহর নির্ধারিত পদ্ধতিতেই তারা শুধু রি-প্যাক (Re-pack) করেছেন মাত্র। যেহেতু কোষের ঐ রি-প্যাকিং-এ আল্লাহর নির্দেশ তথা 'আত্মা ধারণের' জন্য আল্লাহ কর্তৃক নির্ধারিত সুনির্দিষ্ট বস্তুগত রাসায়নিক সংযোগ ও ব্যবস্থাই পুণঃ স্থাপন করা হয়েছে তাই সেটাতে আত্মার পুনরাগমন ও অবস্থানের পরিবেশ নিশ্চিত হয়েছে। এখানে মানুষ তার ইচ্ছা মত নতুন কোন পদ্ধতি

প্রয়োগ করেনি কিম্বা নিজের তৈরি ভিন্নতর রাসায়নিক উপাদানের নতুন কোন ডিএনএ-ও ব্যবহার করেনি। ব্যাপারটা অনেকটাই সার্জারির মাধ্যমে দেহে প্রতিস্থাপিত নতুন অঙ্গে প্রাণ সঞ্চারিত হওয়ার মত। এটা কোন অবস্থাতেই 'খোদার উপর খোদাগিরি' নয় বরং এটা হচ্ছে আল্লাহর দেয়া জ্ঞান ও চিন্তা শক্তির ব্যবহারিক প্রয়োগের আরেকটি নমুনা মাত্র।

আল্লাহ তো তিনি যিনি শূন্য থেকে সৃষ্টিতে সক্ষম। তিনি মানুষের মত জটিলতম প্রাণী দেহ সৃষ্টি করেছেন এবং তারচেয়েও জটিল ও দুর্বোধ্য বিশ্বচরাচর তৈরি করেছেন কেমিক্যাল-ফিজিক্যাল তথা পদার্থ- অপদার্থের কোন রকম অস্তিত্ব বা অবলম্বন ছাড়াই। এমন চরম ও পরম শক্তিকে উপলব্ধি করতে পারাও যেখানে মানুষের জন্য দুরূহ সেখানে সামান্য একটা অণুজীবের কোষে সেটার রাসায়নিক উপাদানগুলোকেই পুণঃ স্থাপন বা রি-প্যাক করে স্রষ্টা হয়ে যাওয়ার ভাবনা রীতিমত ধৃষ্টতা মাত্র। 'অল্প বিদ্যা' যখন 'ভয়ংকরী' হয়ে ওঠে তখনই শুধু এমন উদ্ভট চিন্তা সম্ভব।

যারা কল্পনা বিলাসী নন এবং অল্পতেই যারা আবেগ তাড়িত হন না তারা বিজ্ঞানীদের এমন কালজয়ী সাফল্যগুলোকে সব সময়ই ব্যবহার করে থাকেন পরম স্রষ্টাকে আরও ঘনিষ্ঠ ভাবে অনুভব করা এবং তাঁর সৃষ্টির কারুকার্যময় সৌন্দর্য উপভোগ করার বিরল সুযোগ হিসেবে।

সৃষ্টি দেখে স্রষ্টাকে চেনা

উল্লেখ্য যে সমগ্র জীব জগতের মধ্যে এক কোষী ব্যাকটেরিয়ার জিনোম হলো সবচেয়ে সহজ এবং সরল জেনেটিক ব্লু- প্রিন্ট। তাই বহুদিন ধরেই বিজ্ঞানীরা

ব্যাকটেরিয়ার ডিএনএ কাটা- ছেঁড়া করে চলেছেন নিয়মিত ভাবে। বর্তমানে ডিএনএ সিকোয়েন্স করা, পিসিআর (PCR) করে কয়েক মিনিটের মধ্যে হাজার কপি ডিএনএ তৈরি করা এবং নির্দিষ্ট রাসায়নিক উপাদান নির্ধারিত ছকে সাজিয়ে নতুন একখণ্ড ডিএনএ বানিয়ে নেয়া একেবারেই মামুলী ব্যাপার।

প্রযুক্তির এহেন অগ্রগতির পরও ক্ষুদ্রতম ব্যাকটেরিয়ার একটা কোষকে ডিএনএ শূন্য করে তাতে ঐ ডিএনএ-এরই হাতে বানানো আরেকটি কপি ঢুকিয়ে সেটাকে পুণঃ কার্যকর করতে যে পরিমাণ সময়, শ্রম, মেধা ও অর্থ ব্যয় করতে হয়েছে তাতে সামান্য সুস্থতা সম্পন্ন মানুষেরও এখন আর বুঝতে অসুবিধা হওয়ার কথা নয় যে এই মহাবিশ্ব এবং এই বিশ্বচরাচরের সৃষ্টি, বিকাশ ও পরিচালনা করা যেনতেন কোন অযথা বিষয় নয়। আল্লাহ তা'য়ালা বস্তুত এভাবেই 'চোখে আঙ্গুল' দিয়ে তাঁর উপমাগুলো সবাইকে দেখিয়ে দেন যাতে 'সুপার কোন তর্কবাগীশ' বা 'কথিত কোন মহাজ্ঞানী'র পক্ষেও কখনো তা অস্বীকার করা সম্ভব না হয়।

প্রকৃত শিক্ষকেরা এমন অনুপম উদাহরণ-উপমার মাধ্যমেই শিক্ষা দিয়ে থাকেন প্রিয় ছাত্রদেরকে যাতে কঠিন বিষয়গুলোও তাদের কাছে পরিষ্কার হয়ে যায় পানির মত। কারণ কোন শিক্ষকই চান না পরীক্ষা হলে গিয়ে ছাত্ররা দিশা হারাক, যথাযথ ভাবে উত্তর-পত্র লিখতে ব্যর্থ হোক অথবা পরীক্ষায় ফেল করুক। মানুষের একান্ত শিক্ষক হিসেবে আল্লাহ পাকও সেটা চান না। উপরন্তু মানুষ তাঁর পরম যত্ন ও আদরের সৃষ্টি। মানুষের প্রতি তাঁর ভালবাসা অন্তহীন। ফেরেশতাদের সব শঙ্কা উপেক্ষা করে তিনি সৃষ্টি করেছেন এই মানুষকে (২: ৩০ দ্রষ্টব্য)।

সেজন্যেই আমজনতার প্রবল মূর্খতা, অবজ্ঞা, অবহেলা আর অকৃতজ্ঞতা মুখেও তিনি মানুষের জন্য সঠিক পথ ও মতের নিদর্শনসমূহ তুলে ধরতে কার্পণ্য করেননি কখনও এবং এখনো তা অব্যাহত রেখেছেন বিভিন্ন ভাবে বিশেষত বিজ্ঞানের মাধ্যমে।

অনন্ত জীবনের
অন্যতম নিদর্শন ও নির্দেশনা

আল্লাহ পাক মানুষকে উদ্বুদ্ধ করেছেন তাঁর সৃষ্টি নিয়ে গভীর ভাবে গবেষণা করতে, সেজন্যে দিয়েছেন অনবদ্য সব টিপস। তারই অন্যতম হলো পৃথিবীতে দীর্ঘ কাল বেঁচে থাকার উপায়। উল্লেখ্য অনন্ত জীবন লাভ মানব বিজ্ঞানের এক নিরন্তর স্বপ্ন ও প্রচেষ্টা। এ নিয়ে গবেষণা হয়েছে এবং হচ্ছে অন্তহীন। দীর্ঘ জীবনের সূত্র বুঝতে খুঁজে ফেরা হচ্ছে আনুষঙ্গিক জীন (Gene) ও প্রোটিন। এমন সূত্র অসম্ভব কিছু নয়। মানুষের পরম শিক্ষক মহান আল্লাহ পাক স্বয়ং তাঁর অতি প্রিয় সৃষ্টি মানুষকে নির্দেশনা দিয়েছেন এ বিষয়ে। বিশ্ব জ্ঞান কোষ পবিত্র আল-কোরআনে বিশ্ব স্রষ্টা আল্লাহ পাক বর্ণনা করেছেন অনন্ত জীবন লাভের সেই পদ্ধতি। সূরা কাহাফের ৯ থেকে ২৫ আয়াতে রয়েছে সেই বিবরণী। কোন এক পাহাড়ের গুহায় একদল যুবকের তিন'শ নয় বছর ঘুমিয়ে কাটানোর ঘটনা অনুপূর্ব বর্ণনা করে আল্লাহ রব্বুল আল-আমিন মানব জাতির উদ্দেশ্যে প্রশ্ন রেখেছেন, 'তুমি কি এই ঘটনাকে আমার অন্যান্য বিস্ময়কর নিদর্শনের চেয়েও আশ্চর্যজনক মনে করো?' (১৮: ৯)।

উল্লেখ্য মানুষকে সত্য পথের সন্ধান দিতে গিয়ে পবিত্র কোরআন জুড়ে আল্লাহ পাক তাঁর বিবিধ সৃষ্ট নিদর্শনের বর্ণনা দিয়েছেন। সেগুলোকে উল্লেখ করেছেন চিন্তাশীলদের জন্যে জ্ঞান লাভের উৎস হিসেবে। সেই সব সৃষ্টির তুলনায়, এমনকি মানুষের নিজের সৃষ্টির তুলনাতেও গুহাবাসী যুবকদেরকে দীর্ঘ জীবন দান আল্লাহর জন্যে কোন অবস্থাতেই

46

কঠিন কোন কাজ ছিল না। অথচ মক্কার বিধর্মীরা এটাকেই উপযুক্ত চ্যালেঞ্জ হবে মনে করে জানতে চেয়েছিল রাসূলুল্লাহ সা:-এর কাছে। ঘটনার সত্যতার সাক্ষ্য দিয়ে আল্লাহ পাক বলেন, 'আমি সেই গুহাবাসীদের সত্য ইতিবৃত্ত আপনার কাছে যথাযথ ভাবে বর্ণনা করছি' (আয়াত ১৩)।

সূরা কাহাফের ঐ আয়াতগুলোতে বর্ণনা করা হয়েছে কয়েকজন সত্যান্বেষী যুবকের কথা যারা মেনে নিতে পারছিল না নিজ জাতির অন্যায়, অবিচার ও অনাচার। তারা মানতে পারছিল না আল্লাহতে অবিশ্বাসী শাসকের কুফরি নির্দেশাবলী। কিন্তু শক্তিমান জুলুমবাজদের কুফরি আচার-কালচারের বিপক্ষে তারা ছিল অসহায়। সম্ভব ছিল না পুরো সমাজের বিরুদ্ধে পেরে উঠা। তাই তারা উদগ্রীব হয়ে পড়েছিল আল্লাহ পাকের প্রতি তাদের নিখাদ ঈমানের সুরক্ষায়। এ অবস্থায় তারা সাহায্য চেয়ে প্রার্থনা করে আল্লাহর দরবারে। ফলশ্রুতিতে আল্লাহ পাক তাদেরকে সরিয়ে নিয়েছিলেন নির্জন পার্বত্যাঞ্চলে। এখানে লক্ষণীয় যে আল্লাহ পাক ঐ যুবকদেরকে নিজ জনপদে রেখে ধর্ম প্রচারে নিয়োজিত করেননি অথবা তাদেরকে অন্য কোন নিরাপদ লোকালয়েও সরিয়ে নেননি। নিঃসন্দেহে এর একটা কারণ ছিল অনাগত মানুষের জন্য দীর্ঘ জীবন লাভের নিদর্শন সৃষ্টি করা যেখানে ঈমানদারদেরকে দেয়া হয়েছে আল্লাহ পাকের প্রত্যক্ষ সহায়তা লাভের নিশ্চয়তা ও প্রতিশ্রুতি এবং রাখা হয়েছে সৃষ্টির উপর গবেষণা করে উপকৃত হওয়ার উপকরণ।

একটি পোষা কুকুরসহ গুহার ভেতরে এই যুবকদের ঘুমের বর্ণনা দিতে গিয়ে বলা হয়েছে, 'তাদের কানের উপর ফেলা হয়েছিল নিদ্রার আবরণ (Barrier) এবং তাদের দিকে

তাকালে মনে হবে যেন তারা জেগে আছে'। ঘুম সংক্রান্ত চূড়ান্ত এক সত্য প্রকাশ করা হয়েছে এই বর্ণনায়। এই বর্ণনা থেকে এটা স্পষ্ট যে ঘুমের সাথে চোখ নয় বরং সরাসরি জড়িত আমাদের কান তথা শ্রবণেন্দ্রিয়। শুধু তাই নয় যুবকদের চোখগুলো এমনভাবে খোলা ছিল যাতে মনে হবে যেন তারা 'জেগে আছে' যা কিনা ঘুমের সাথে চোখের সম্পর্ককে করেছে আরও সুদূর পরাহত।

ঘুম বিষয়ে সাধারণ পর্যবেক্ষণ থেকেও আমরা জানি যে ঘুমের মধ্যে আমাদের শ্রবণেন্দ্রিয় নিষ্ক্রিয় থাকে তাই আশেপাশের শব্দাবলী আমরা শুনি না। বড়সড় প্রচণ্ড শব্দে ঘুম ভেঙ্গে যাওয়ার কারণ হচ্ছে শব্দের মাত্রাধিক্য যা কিনা ছাড়িয়ে যায় কানের উপর ঘুমের আবরণের শব্দ প্রতিরোধক ক্ষমতাকে। আরো লক্ষণীয় যে কিছু মানুষ এমনও আছে যাদের ঘুমের জন্য প্রয়োজন হয় নিঝুম রাতের সুনসান নিস্তব্ধতার, সামান্য ঘড়ির কাটার টিক টিক শব্দেও তারা ঘুমাতে পারে না। কোরআনের উল্লেখিত ঘুম বিষয়ক তথ্য থেকে বোঝা যায় যে এদের কানের উপর ঘুমের আবরণ তথা শব্দ প্রতিরোধক আবরণ নিতান্তই ক্ষীণ এবং দুর্বল। এ ক্ষেত্রে শ্রবণেন্দ্রিয়ের স্পর্শকাতরতা (Sensitivity) কমানোর চিকিৎসা তাদের সুনিদ্রাকে নিশ্চিত করতে পারে বলেই মনে হয়।

অতঃপর বর্ণনা করা হয়েছে যুবকদের গুহার প্রশস্ততা, গুহার নির্দিষ্ট মধ্যভাগে তাদের অবস্থান এবং দিবাভাগে গুহাকে কেন্দ্র করে সূর্যের নির্দিষ্ট পরিক্রমণ পথ। বলা হয়েছে, 'তুমি সূর্যকে দেখবে যখন উদিত হয় তখন গুহা থেকে দক্ষিণে বা ডানে সরে যায় আর যখন অস্তমিত হয় তখন সরে যায়

বাম দিকে এবং তারা শায়িত ছিল গুহার এক প্রশস্ত স্থানে (১৮: ১৭ দ্রষ্টব্য)। এই আয়াতের শেষে এটাও স্পষ্ট করে বলা হয়েছে যে, এটা আল্লাহর নিদর্শনসমূহের অন্তর্ভুক্ত', যা কিনা দাবী রাখে চিন্তাশীল ও জ্ঞানীদের ব্যাখ্যা ও বিশ্লেষণের।

বস্তুত পচনশীল দ্রব্য বা বস্তুর দীর্ঘস্থায়ী সংরক্ষণের (Preservation) অনুপম প্রাকৃতিক পদ্ধতি তুলে ধরা হয়েছে এই আয়াতে। এই বক্তব্যে এটা স্পষ্ট যে, জীবদেহের মত বস্তুকে দীর্ঘ মেয়াদি সংরক্ষণের জন্যে প্রয়োজন বিশেষ মাপের কক্ষ বা গৃহ যার সাথে সূর্যের গমনাগমন তথা দিনব্যাপী সূর্য রশ্মির প্রক্ষেপণে থাকবে সুনির্দিষ্ট জ্যামিতিক সম্পর্ক। খুব সম্ভবত সুনির্দিষ্ট এই নির্মাণ কৌশল কিছুটা হলেও জানতো মিশরের ফারাওরা। তাদের তৈরি পিরামিডের সৃষ্টি শৈলীতে ঠিক এ ধরনের প্রযুক্তিরই প্রয়োগ হয়েছিল বলে ধারণা করা হয়। এই নির্দিষ্ট নির্মাণ শৈলীর অবকাঠামোতে যে কোন পচনশীল বস্তুর দীর্ঘস্থায়ী সংরক্ষণ যে সম্ভব তা জানা যায় পিরামিড সংক্রান্ত গবেষণা থেকে।

তবে আসহাবে কাহাফের গুহাটা নিঃসন্দেহে ছিল অতি নিখুঁত এক সংরক্ষণাগার যা কিনা যুবকদেরকে তিন শতাধিক বছরব্যাপী জীবিত সংরক্ষিত রেখেছিল ভয়ানক রকমের ক্ষুৎ- পিপাসা বা পানি শূন্যতা (Dehydration) ছাড়াই। তাই ঘুম থেকে জেগে তাদের মনে হয়েছিল তারা যেন একদিন বা তার কিয়দংশ ঘুমিয়েছে। কিন্তু নিজেদের জীর্ণ পোশাক, দীর্ঘ চুল-দাড়ির দিকে লক্ষ্য করে দ্রুতই তাদের সেই ভুল ভেঙ্গে যায়। এ পর্যায়ে তাদের অবস্থার বর্ণনা দিতে গিয়ে আল্লাহ পাক বলেন, 'তোমরা যদি ঐ অবস্থায় তাদেরকে

দেখতে তাহলে ভয়ে পৃষ্ঠ প্রদর্শন পূর্বক পলায়ন করতে' (১৮: ১৮)।

এ থেকে বোঝা যায় গুহার ভেতরের অবস্থা ছিল অত্যন্ত কঠোর ভাবে তাপানোকুল যে কারণে ঘুমন্ত যুবকদের স্বাভাবিক শারীরিক কার্যক্রম (Body metabolism) সচল থাকলেও তার গতি ছিল অতি ধীর (slow) এবং সুনিয়ন্ত্রিত (Controlled)। এ ছাড়াও ঘুমের মধ্যে তাদের পাশ পরিবর্তনের কথা বলতে গিয়ে 'আমি করতাম' বাক্য ব্যবহার করেছেন মহান আল্লাহ পাক। এ থেকে বোঝা যায় যে ঘুমের ঘোরে আমরা যে পাশ পরিবর্তন করি সেটা আসলে আমাদের নয় বরং মহাজ্ঞানী আল্লাহর ইচ্ছা ও নির্দেশেই হয়ে থাকে।

নিজেদের ঘুমের সময় বা দৈর্ঘ্য সংক্রান্ত বিতর্ক থেকে কোন সিদ্ধান্তে আসতে পারেনি সেই গুহাবাসী যুবকেরা। তাই 'এ বিষয়ে আল্লাহই সবচেয়ে ভাল জানেন' বলে বিতর্কের ইতি টেনেছিল তারা। কিন্তু আল্লাহর উদ্দেশ্য ছিল ভিন্ন। আল্লাহ বলেন, 'আমি এদের বিষয়টিকে প্রকাশিত করতে চেয়েছিলাম' (১৮: ২১)। তাই আল্লাহর ইচ্ছা অনুযায়ী যুবকেরা তাদের মধ্য থেকে একজনকে যখন খাবার কিনতে লোকালয়ে পাঠিয়েছিল তখন তিন শতাব্দীকালের পুরানো মুদ্রার কারণে তাদের সুদীর্ঘ নিদ্রার ঘটনাটি প্রকাশিত হয়ে গিয়েছিল সর্বজন সমক্ষে।

এই আয়াতের পর্যালোচনায় আরও বোঝা যায় যে, তিন শতাধিক বছর পরের ঐ জনপদবাসীরা ছিল এক আল্লাহতে বিশ্বাসী ঈমানদার জনগণ। তাই তারা আগ্রহী হয়ে ওঠে গুহাবাসীদের পুরো অবস্থা জানতে এবং খাদ্য কিনতে আশা ঐ যুবককে সাথে নিয়ে পৌঁছে যায় সেই পাহাড়ি

এলাকায়। কিন্তু যে কোন কারণেই হোক এক পর্যায়ে ঐ যুবক থেকে বিচ্ছিন্ন হয়ে যায় জনতা। সম্ভবত জনতাকে বাহিরে রেখে সঙ্গীদের ডেকে আনতে গিয়ে আল্লাহর ইচ্ছাতেই আর ফিরতে পারেনি সেই যুবক এবং জনগণও আর খুঁজে পায়নি মূল গুহা এবং সেই গুহাবাসীদের।

সর্বশক্তিমান আল্লাহ পাক ইচ্ছা করলে পারতেন সেই সুরক্ষিত গুহার মধ্যে তাদের জান কবজ করে তাদের মরদেহগুলো সংরক্ষণ করতে। কিন্তু তা না করে তাদেরকে জীবিত প্রকাশিত করে এবং তাদের অবস্থান স্থলের অনুপূর্ব বর্ণনা কোরআনে বিধৃত করে তিনি স্পষ্টতই বুঝিয়ে দিয়েছেন যে তাঁর সৃষ্টি তত্ত্ব অনুযায়ী অবকাঠামো গড়ে তুলে মানুষ তাদের মরদেহ সংরক্ষণ করতে পারবে অনন্ত কাল যেমন করেছিল পিরামিড নির্মাতারা। এমনকি একইভাবে নিজের শারীরিক প্রক্রিয়া (Body metabolism) নিয়ন্ত্রণ করে হয়তো ঠেকিয়ে রাখতে পারবে বার্ধক্যকেও। কিন্তু তারপরও সম্ভব হবে না মৃত্যুর হাত থেকে বাঁচা। কারণ আত্মা হলো আল্লাহ পাকের হুকুম তথা নির্দেশ (১৭: ৮৫ দ্রষ্টব্য) এবং কোন হুকুমকেই কখনও কোন অবকাঠামোতে আবদ্ধ রাখা যায় না।

সূরা কাহাফের সেই গুহাবাসীরা এখনো তাদের গুহার মধ্যে ঘুমন্ত নাকি মৃত অবস্থায় আছেন তা নিয়ে বিতর্কের অবকাশ থাকলেও তারা যে এখনও সেখানে বর্তমান এটা সুনিশ্চিত। কারণ অনন্য অবস্থান ও গঠন শৈলীর কারণে ঐ গুহাতে কোন কিছু পচে-গলে নিঃশেষ হওয়া সম্ভব নয়।

দীর্ঘ জীবন লাভের এই সূত্রের মত অন্য অনেক বিষয়ের নিগূঢ় তত্ত্বই খোলাসা করা হয়েছে পবিত্র আল-

কোরআনে যাতে মানুষ আল্লাহ্ পাকের দেয়া জ্ঞান-বুদ্ধিকে কাজে লাগিয়ে নিজের ইহ ও পারলৌকিক কল্যাণের পথ করে নিতে পারে। এটা বস্তুত মানুষের জন্যে আল্লাহ্ পাকের 'ওপেন বুক' পরীক্ষা বিশেষ।

মানব ক্ষমতার
সীমানা

যিনি সৃষ্ট করেন তিনিই জানেন তার সৃষ্ট বস্তুর খুঁটি-নাটি। আল্লাহ পাকও তাই সবচেয়ে ভাল জানেন মানুষ সম্পর্কে। মানুষ নিজেকে যতই জ্ঞান-বিজ্ঞানে পরিপক্ক ভাবুক না কেন আল্লাহ তা'য়ালা নিশ্চিত ভাবেই জানেন যে মানুষের পক্ষে সম্ভব নয় তার 'বহুমাত্রিক' ক্ষমতা ব্যবহার করে 'অনন্ত অদৃশ্য অতিমাত্রিক' বিষয়গুলো অনুধাবন ও সমাধান করা।

মানুষের সব চেষ্টাই বস্তুত পদার্থ ও দৃশ্যমান জগত নির্ভর। কিন্তু বাস্তবতা হচ্ছে মানুষ নিজেও শুধু একখণ্ড পদার্থ বা রক্ত-মাংসের পিণ্ড মাত্র নয়। তার ভেতর ও বাহিরের যাবতীয় কাজগুলো নিয়ন্ত্রিত হয়ে থাকে মূলত অদৃশ্য ও অজ্ঞাত শত- সহস্র সব ফ্যাক্টরস্ দ্বারা। সেজন্যেই জীব জগতের গবেষণায় আজ 'জিনোমিক্স' (Genomics) -এর বাহিরে 'এপি- জিনোমিক্স' (Epigenomics) -এর উদ্ভব হয়েছে আর পদার্থ বিজ্ঞানের ক্ষেত্রে 'ম্যাটার'(Matter)-এর বাহিরে উপলব্ধি করা যাচ্ছে মহাশক্তিধর 'ডার্ক ম্যাটার' (Dark Matter) -এর অস্তিত্ব। বস্তুত এ কারণেই আল্লাহ পাক তাঁর সীমিত ক্ষমতার প্রিয় সৃষ্টি মানুষের সার্বিক কল্যাণ নিশ্চিত করতে প্রথমেই তাকে নির্দেশ দিয়েছেন শর্তহীন ভাবে 'অদৃশ্যে' বিশ্বাস স্থাপনের জন্য (২: ৩ দ্রষ্টব্য)।

আল্লাহ তা'য়ালা ভালো ভাবেই জানেন যে দৃশ্যমান বিষয়ে অভ্যস্ত মানুষের পক্ষে অদৃশ্য বিষয়ের উপর বিশ্বাসে স্থির থাকা সহজ হবে না। শয়তানের কুমন্ত্রণায় মানুষ তার

যৎসামান্য জ্ঞানকেই পর্যাপ্ত ভেবে বোকামি করবে এবং পরিশেষে অহংকার করে ধিকৃত ও ব্যর্থ হবে ইবলিসের মতই। মানুষ যাতে কোন ভাবেই অহং-এর সেই সর্বনাশা ফাঁদে পা না দেয় সেজন্যে পবিত্র কোরআনে আল্লাহ তা'য়ালা স্পষ্ট উদাহরণসহ তাঁর নিজের সৃষ্টির প্রেক্ষাপটে মানুষের সৃষ্টিগুলোর সীমাবদ্ধতাকে তুলে ধরেছেন অতি বিস্তারিত ভাবে। আল্লাহ পাক তাঁর উদাহরণগুলোকে মানুষের বোধগম্য করার উদ্দেশ্যে সেগুলো বাস্তবায়ন ও উপস্থাপন করেছেন মানুষেরই মাধ্যমে, এগুলোই নবী- রাসূলদের মু'জেযাহ। এইসব মু'জেযাহকে মানুষের জন্য নিদর্শন তথা হিন্টস্ (Hints) বলে উল্লেখ করা হয়েছে। অনেকটা পরীক্ষার আগে শিক্ষক কর্তৃক ছাত্রদেরকে দেয়া টিপস বা সাজেশনের মত যা ঠিক ভাবে ফলো করতে পারলে প্রশ্নের উত্তর লিখা সহজ হয়ে যায়।

নবী-রাসূলদের ক্ষেত্রে একটা বিষয় বিশেষ ভাবে উল্লেখ্য যে তারা সবাই আমাদের আর দশজন সাধারণ মানুষের মতই মানুষ ছিলেন (১২: ১০৯; ১৩: ৩৮; ১৪: ৪; ১৬: ৪৩; ২১: ৭~৮ দ্রষ্টব্য)। তাদের বিশেষত্ব শুধু এই ছিল যে তারা ছিলেন কঠোর ও একনিষ্ঠ ঈমানদার তাই পরম শক্তি আল্লাহ তা'য়ালার প্রদত্ত শক্তিকে ধারণ করার ক্ষমতা তাদের ছিল সাধারণ মানুষের চেয়ে অনেক অনেক বেশী তথা তারা ছিলেন আল্লাহ পাকের বাণীকে সরাসরি গ্রহণ করতে সক্ষম। তারা মানুষ ছিলেন বিধায় তাদের দ্বারা যে ঘটনাই সংঘটিত হয়েছে তা মানুষের পক্ষে সম্ভব বলেই হয়েছে। আর তাই নবী-রাসূলদের মু'জেযাহ সমূহে যা কিছুই বাস্তবায়িত হয়েছে তার যৎ-সামান্য হলেও বিজ্ঞানের পক্ষে চেষ্টা-চরিত্র করে

হয়তো করা সম্ভব। কিন্তু যেহেতু বিজ্ঞান চর্চার সাথে থাকে না আল্লাহ পাকের পরম শক্তির পূর্ণ সংযোগ তাই বিজ্ঞানের কোন আবিষ্কারই কখনও মুক্ত হবে না মানবীয় সীমাবদ্ধতা থেকে, সেসব কখনোই হবে না আল্লাহর প্রিয় বান্দাদের কাজের মত নিখুঁত এবং হবে না সর্বাঙ্গীণ সুন্দর ও সার্বিকভাবে কল্যাণকর। একটু খেয়াল করে লক্ষ্য করলেই উদাহরণগুলো আমরা দিব্য দেখতে পাই পবিত্র আল-কোরআনের অগণিত বর্ণনায়। বস্তুত আল-কোরআন নিজেই তার সেরা উদাহরণ।

তথ্য প্রযুক্তির সীমানা

আজকের গ্লোবাল ভিলেজে মানুষ বাস করে একই 'ওয়ার্ল্ড ওয়াইড' নেটওয়ার্কের আওতায়। বিশ্ব সভ্যতার যাবতীয় সাহিত্য, সংস্কৃতি, দর্শন, বিজ্ঞান তথা মহাজগতের বিবিধ বিদ্যা ও জ্ঞানের তথ্য আজ মানুষের আঙ্গুলের ডগায়। তাই মানুষ নিজেকে এখন ভাবতে অভ্যস্ত সুস্থ চিন্তার সুশীল এবং বিজ্ঞ হিসেবে। তার সৃষ্ট বহু সাহিত্য সংস্কৃতি ও দর্শনকে আজ কালজয়ী বিবেচনা করা হয়। ধারণা করা হয় এগুলোর চেয়ে বিজ্ঞানময় ও প্রজ্ঞাময় আর কিছুই যেন হতে পারে না। এহেন 'বিদ্বান' মানবগোষ্ঠীর জন্য রাসূলুল্লাহ সা:-এর মাধ্যমে আল্লাহ পাক পাঠিয়েছেন 'আল- কোরআন' নামক এক মহা বিস্ময়কর মুজেযাহ। সবজান্তা মানুষ পবিত্র এই গ্রন্থের কাছে নিতান্তই অসহায়। বিজ্ঞানের এই যে এত শত তথ্য ও আবিষ্কার, কোরআনের আলোকে বিবেচনা করলে মনে হয় সবই যেন সেকেলে, সবই যেন 'ছেলের হাতের মোয়া'।

মানুষের ব্যবহৃত অক্ষর দিয়েই লেখা হয়েছে কোরআন। একই শব্দমালা ব্যবহার করে মানুষও লিখে থাকে, রচনা করে সাহিত্য। কিন্তু মানুষের সাধ্য নেই আল

কোরআনের সামান্য একটা বাক্যের তুল্য কোন বাক্য তৈরি করার। এমনকি মানুষের পক্ষে সম্ভব নয় আল কোরআনের অন্তহীন অর্থ ও ব্যাখ্যা লিখে শেষ করা। মানুষ সক্ষম নয় এমন কোন সাহিত্য রচনা করতে যা হাজার হাজার বছর ধরে পবিত্র কোরআনের মত জগতের প্রতিটি প্রাণীর প্রয়োজন মেটাতে পারে একই ভাবে একই ধারাবাহিকতায়।

এ বিষয়ে আল্লাহ্ পাক নিজেই বলেন, ‘আমার জ্ঞান, প্রজ্ঞা ও সৃষ্টির কথা যদি লিখতে থাকো আর সে জন্যে যদি সাগরের সব পানি কালি হয়, তাহলে কালি শেষ হয়ে যাবে, এমনকি অনুরূপ আরও সাগর পূর্ণ কালি আনলে তাও শেষ হয়ে যাবে কিন্তু আমার কালামের কথা লিখা শেষ হবে না’ (১৮:১০৯)। তাঁর বাণীসমূহের যথার্থতার সাক্ষ্য দিয়ে আল্লাহ পাক আরও বলেন, ‘যদি তোমরা সন্দিহান হও আমার প্রিয় বান্দার উপর অবতারিত এই কোরআনের ব্যাপারে তাহলে এর একটা সূরার অনুরূপ সূরা রচনা করে দেখাও, এ জন্যে ডেকে নাও তোমাদের সমস্ত সহযোগীদের, যদি তোমরা সত্যবাদী হও’ (২: ২৩)। ‘মানুষ ও জ্বীন সকলে যদি এই উদ্দেশ্যে একত্রিত হয় যে তারা পরস্পর সহযোগিতা করে এ রকম কোরআন রচনা করবে, তবুও অনুরূপ কিছুই তারা করতে পারবে না’(১৭: ৮৮)।

সার কথা হলো মানুষের যত তথ্য প্রযুক্তি, যত শত জ্ঞান ভাণ্ডার তার সব কিছুই নস্যি আল্লাহ পাকের এক কালামের কাছে। মানুষের বস্তুত কোন সামর্থ্যই নেই আল-কোরআনের বাহিরে চিন্তা করার এবং মানুষের কোন উপায়ও নেই আল-কোরআন ছাড়া।

আবিষ্কার ও উদ্ভাবনের সীমানা

উল্লেখ্য ইব্রাহীম আ:-এর জন্য অগ্নিকুণ্ডের আগুন শীতল হয়ে গিয়েছিল (২১: ৬৮~৬৯ দ্রষ্টব্য)। সেখানে আগুন ঠিকই জ্বলেছে কিন্তু সেই আগুন পোড়াতে পারেনি। এ থেকে বোঝা যায় যে আগুন হলো দুই অবস্থার সমন্বয়। একটা হলো তার শিখা আর অন্যটা দহন ক্ষমতা এবং দহনের এই ক্ষমতাকে শিখা থেকে আলাদা করা সম্ভব। ধারণা করা যায় যে বিজ্ঞান হয়তো একদিন খুব স্বল্প পরিসরে হলেও আগুনের শিখা থেকে তার দাহ্য ক্ষমতাকে অপসারণ করে আপাত শীতল আগুন সৃষ্টি করতে পারবে। তবে 'অগ্নিকুণ্ডে'র মত বৃহৎ পরিসরে তার প্রয়োগ বা তার ব্যাপক ব্যবহার হবে মানুষের জন্যে নিতান্তই অসম্ভব।

মুসা আ:-এর মু'জেযাগুলোর মধ্যেও রয়েছে তেমন অনেক ইঙ্গিত (২:৫০;৭:১০৭~১০৮; ১০:৯০; ২০:১৭~২৩ দ্রষ্টব্য)। উনার জন্য সাগরের মধ্যে তৈরি হয়েছিল শুকনো পথ। তাতে ইঙ্গিত ছিল সমুদ্রের বুক চিরে মানুষের পথ চলার। সেটাই এখন হচ্ছে সাগরের গভীরে টানেলের মাধ্যমে। তবে সেই টানেল রুদ্ধ করতে পারে না সাগরের প্রবাহকে, এটা করা সম্ভব নয় মানুষের পক্ষে কারণ পানি কখনো মানুষের নির্দেশ মেনে প্রবাহিত হয় না।

মুসা আ:-এর হাতের শুকনো লাঠি পরিণত হয়েছিল অজগর সাপে যা ইঙ্গিত বহন করে শুষ্ক ডালে প্রাণ ফেরার। মানুষের পক্ষে লাঠিকে অজগর বানানো অবশ্যই সম্ভব হবে না তবে মরা ডালে হয়তো সম্ভব হবে ফুল ফোটানো। উনার আলোকিত হাত ঝলসায়ে দিত দর্শকদের দৃষ্টিকে। এটা স্পষ্টতই নির্দেশ করে মানুষের শরীরে উৎপাদিত শক্তি দিয়ে বাতি জ্বালানোর সম্ভবতাকে। অচিরেই হয়তো ফোন চার্জ করা

যাবে পকেটে রেখে। হয়তো এমন টর্চ লাইট দেখা যাবে যা জ্বলে উঠবে হাতের পরশে। তবে সেই আলো হবে না দৃষ্টিকে টলানোর মত উজ্জ্বল বরং দেহের শক্তি শুষে নেয়ার কারণে তা হবে শরীরের জন্য ক্ষতিকর তাই তার ব্যবহারে থাকবে ব্যাপক সীমাবদ্ধতা।

কৃত্রিম জীব-কোষ তৈরির যে ধারা শুরু হয়েছে তা যে আরও উন্নত হবে তা বলাই বাহুল্য। তাতে নিশ্চিত ভাবেই বাড়বে খাদ্য-শস্যের উৎপাদন। মানুষের খাদ্যাভাব ঘুচে যাওয়ার সম্ভাবনাই বেশী। সাধারণত পেটের চিন্তা মুক্তির সাথে সাথেই মাথা চাড়া দিয়ে ওঠে আর্ট-কালচার আর আনন্দ- স্ফূর্তির চিন্তা এবং সে পথ ধরেই শুরু হয় বিশ্ব স্রষ্টার সাথে বেঈমানি। আল্লাহর সাথে এমন বেঈমানি ও অকৃতজ্ঞতা অতীতে হয়েছে বারবার এবং ভবিষ্যতেও হবে নিশ্চিত ভাবেই। তাই আল্লাহ পাক আগাম দেখিয়েছেন যে প্রিয় সৃষ্টির জন্য খাদ্য সরবরাহ করতে তাঁকে মানুষের মত কোন মেকানিজম করতে হয় না। তিনি যে কোন সময় যে কোন স্থানে তাঁর যে কোন বান্দার জন্য যে কোন ধরনের খাদ্য সরবরাহের ক্ষমতা রাখেন। তেমন খাদ্য তিনি একক ভাবে নিয়মিত পাঠিয়েছেন মরিয়ম আ:-এর কাছে তার খাস কামরায় এবং জাতিগত ভাবে হযরত মুসা ও ঈসা আ:-এর জনগোষ্ঠীর উপর পাঠিয়েছেন স্বল্প ও দীর্ঘ উভয় মেয়াদে, এমনকি ক্ষেত্র বিশেষে পাঠিয়েছেন রান্না করা খাবারও (৩:৩৭; ৫:১১২~১১৫; ৭:১৬০; ২০:৮০ দ্রষ্টব্য)। অতএব খাদ্য উৎপাদন যতই বাড়ুক না কেন তা দিয়ে মানুষের পক্ষে সম্ভব নয় আল্লাহ পাকের সর্বময় ক্ষমতা ও শ্রেষ্ঠত্বকে চ্যালেঞ্জ করা।

মানুষ ইদানীং দক্ষ হয়ে উঠেছে টেস্ট টিউব বেবি তৈরিতে, এটা এখন তার গর্বের বিষয়। কিন্তু তাকে মনে রাখতে হবে যে সর্বশক্তিমান আল্লাহর উপর পূর্ণ আস্থা রাখতে পারলে টেস্ট টিউবের জটিলতা ও অনিশ্চয়তা ছাড়াই মাতৃত্ব লাভ করা সম্ভব যেমন ঘটেছিল মরিয়ম আ:-এর ক্ষেত্রে। তিনি ঈসা আ:-এর রূহকে নিজের মধ্যে ধারণ করেছিলেন শুধুমাত্র আল্লাহর নির্দেশ বাহকের এক ফুঁৎকার থেকে (১৯: ১৬~২১; ২১: ৯১ দ্রষ্টব্য)। জন্ম মাত্রই ঈসা আ: উপস্থিত জনতার সাথে কথা বলেছিলেন পূর্ণাঙ্গ মানুষের মত (৫: ১১০; ১৯: ২৯~৩৪ দ্রষ্টব্য)। মানুষও হয়তো চেষ্টা করলে মাতৃগর্ভেই শিক্ষা দিয়ে সদ্য ভূমিষ্ঠ বাচ্চার মুখে বুলি ফোঁটাতে পারবে কিন্তু কোন অবস্থাতেই তারা ঈসা আ:-এর মত জন্ম মাত্রই কাউকে 'বিজ্ঞ তার্কিক' বানাতে পারবে না। সেটা সম্ভব শুধু সর্ব শক্তিমানের দয়ায়, তাঁর সাথে একাত্ম হওয়ার মাধ্যমে। তাই তেমন খণ্ডিত সাফল্যেও মানুষের উদ্বেলিত হওয়া উচিত হবে না।

টেস্ট টিউব বেবির সাফল্যের ধারাবাহিকতায় মাতৃগর্ভের বিকল্প উদ্ভাবন এখন বিজ্ঞানের এক পরম স্বপ্ন। এ ক্ষেত্রে সফল হতে পারলে মাতৃগর্ভের পরিবর্তে মানব শিশুর উৎপাদন সম্ভব হবে ক্লিনিকে তথা কল-কারখানায়। এতে নারীরা পাবে নিশ্চয়তা, বাবাদের টেনশনও কমে যাবে অনেক। কিন্তু আল্লাহর ইচ্ছা বোধকরি অন্য রকম। কেয়ামত শুরুর ভয়ংকর পরিস্থিতির বর্ণনা দিতে গিয়ে আল্লাহ পাক বলেছেন, 'ঐ দিন স্তন্যদায়ীরা ভুলে যাবে তাদের স্তন্যপায়ীদেরকে আর প্রত্যেক গর্ভবতীর ঘটবে তাৎক্ষণিক গর্ভপাত' (২২: ২ দ্রষ্টব্য)। এই বর্ণনা থেকে বোঝা যায় যে ধ্বংসের মুহূর্তেও পৃথিবীতে গর্ভবতী নারীরা থাকবেন। অর্থাৎ

বিজ্ঞানের প্রত্যাশা অনুযায়ী ক্লিনিকে শিশু উৎপাদনের সম্ভাবনা খুবই কম।

বৃদ্ধ ও বন্ধ্যাদের স্বাভাবিক গর্ভধারণ এবং সন্তান লাভের ক্ষেত্রেও মানুষ এখন এগিয়েছে অনেক। এ ক্ষেত্রে সাফল্য লাভ যে সম্ভব আল্লাহ্ পাক তা দেখিয়েছেন বহুবার বহু ভাবে। প্রিয় বান্দা ইব্রাহীম আ:, জাকারিয়া আ: এবং তাদের স্ত্রীদেরকে সন্তান দেয়া হয়েছিল বয়োবৃদ্ধ ও বন্ধ্যা অবস্থায়। তাদেরকে সন্তানের সুসংবাদ দিয়ে আল্লাহ তা'য়ালা ঘোষণা করেছিলেন যে তাদের সমাগত সন্তানেরা হবে সুস্বাস্থ্য, উন্নত চরিত্র ও দৃঢ় ঈমানের অধিকারী (১১:৭১~৭৩; ১৯: ৭~৯; ২১: ৮৯~৯০ দ্রষ্টব্য)। এখানেই মানুষের বিজ্ঞান হবে অক্ষম। সৎ চরিত্রের সুসন্তান লাভের নিশ্চয়তা বিজ্ঞান দিতে পারবে না কখনোই। সেই সাথে পারবে না প্রতিটি অক্ষম দম্পতিকে সন্তান দেয়ার ক্ষেত্রে শতভাগ সফল হতে। এই ধরণের সাফল্য শুধুমাত্র অতিমাত্রিক আল্লাহ তা'য়ালার পক্ষেই সম্ভব।

বর্তমান চিকিৎসা বিজ্ঞানের চমকপ্রদ কীর্তি হলো 'ওপেন হার্ট সার্জারি'। ইতিহাস সাক্ষ্য দেয় যে মানব সভ্যতার সর্বপ্রথম 'ওপেন হার্ট' হয়েছিল রাসূলুল্লাহ সা:-এর (৯৪: ১~৩, সংশ্লিষ্ট তফসির ও মে'রাজের হাদিসগুলো দ্রষ্টব্য) এবং তা হয়েছিল একাধিকবার। উনার সার্জারিতে কোন চেতনা নাশক দরকার হয়নি। সার্জারির পর তাঁকে থাকতে হয়নি ইনটেন্সিভ কেয়ারে এবং জীবনব্যাপী ভুগতে হয়নি বিবিধ উপসর্গে। যা শুধু সর্বশক্তিমানের দ্বারাই সম্ভব। তাই এ ক্ষেত্রেও মানুষের গর্বিত হওয়ার কোন সুযোগ নেই।

বর্তমানে কৃত্রিম হার্ট বানানো হচ্ছে। স্টেম সেল থেকে অচিরেই জীবন্ত হার্ট সেল তৈরি হলে ক্ষয়ে যাওয়া হার্টে তা রি-প্লান্ট করে পুরনো হৃৎপিণ্ডকে হয়তো নতুন করে ফেলা যাবে শীঘ্রই। এতে মানুষের আয়ু বাড়বে নিঃসন্দেহে কিন্তু মরণ ঠেকানো যাবে না। কারণ শরীরের সব কোষ তো আর নতুন হবে না তাই সেগুলো পারবে না নতুন হৃৎপিণ্ডের সাথে তাল মেলাতে। উপরন্তু বয়সের ভারে রক্তই যদি তৈরি না হয় ঠিক মত তাহলে কি হবে নতুন হৃৎপিণ্ড দিয়ে। তাই মরণ ছাড়া মানুষের কোনই গতি নেই, তা বিজ্ঞান যত উন্নতই হোক না কেন।

কৃত্রিম উপায়ে বিবিধ মানব কোষ তৈরির অব্যাহত সাফল্যের পথ ধরে এক সময় ‘কমা’তে থাকা এমনকি কিছু ক্ষেত্রে ‘সদ্য মৃত’ মানুষকেও হয়তো জীবিত করে তোলা সম্ভব হবে বিজ্ঞানের পক্ষে। দাজ্জাল সেটা করতে পারবে বলে বলা হয়েছে বিভিন্ন হাদিসে। তবে মানব ক্ষমতার সীমাবদ্ধতার কারণে সব ধরণের মৃতকে অথবা নির্দিষ্ট সময়কাল পার হয়ে যাওয়া মৃতকে জীবিত করা সম্ভব হবে না মানুষের পক্ষে। মাটির তৈরি পাখিকেও জীবন দিতে পারবে না মানুষ, যা কিনা করতে পারতেন হযরত ঈসা আ:। তাঁর হাতের ছোঁয়ায় জন্মান্ধ এবং কুষ্ঠ রোগীও ভালো হয়ে যেত চোখের পলকে (৩: ৪৯ দ্রষ্টব্য)। এই ক্ষমতাগুলো স্বয়ং সৃষ্টিকর্তা আল্লাহ পাক দিয়েছিলেন হযরত ঈসা আ:-কে তাই মানুষ হয়েও তিনি কাজগুলো করতে পারতেন। আল্লাহর সাথে একান্ত সম্পর্ক ছাড়া শুধু বিজ্ঞান দিয়ে সে রকম সাফল্য অসম্ভব।

বিজ্ঞান অন্ধের চোখে আলো দিতে পারে কিন্তু সে ক্ষেত্রে শতভাগ নিশ্চয়তা দিতে পারে না আর জন্মান্ধের ক্ষেত্রে হিসাবটা পুরোপুরিই ভিন্ন কারণ সেটা ভ্রূণের ত্রুটি, মানুষের কেরামতি সেখানে কার্যত অচল। কুষ্ঠ রোগের মত রোগ-বালাইয়ে বিজ্ঞানের পথ্যও কাজ করে কিন্তু তা কখনোই ছোঁয়া মাত্রই দিতে পারে না আরোগ্য এবং হয় না পার্শ্ব প্রতিক্রিয়া বিহীন। তেমন সক্ষমতার জন্য প্রয়োজন আল্লাহ পাকের একান্ত অনুমোদন যা মানুষ পেতে পারে শুধুমাত্র তাঁকে সন্তুষ্ট করে যেমন পেয়েছিলেন হযরত ঈসা আ:।

'কেয়ামত পূর্ব আলামত বা নিদর্শন' সংক্রান্ত বিখ্যাত হাদিসগুলোর একটাতে বলা হয়েছে যে কেয়ামতের নিকটবর্তী সময়ে মানুষ বিষাক্ত বন্য জীব- জন্তুকে পোষা প্রাণী হিসেবে নিজের ঘরে তুলে আনবে এবং সেটা হবে সামাজিক ভাবে অত্যন্ত মর্যাদাকর কাজ (Social Aristocracy)। এতে বোঝা যায় যে মানুষ এক সময় বন্য প্রাণীসমূহের সাথে কার্যকর যোগাযোগ স্থাপনে সক্ষম হবে। এর লক্ষণ দেখা যাচ্ছে এখনই। এমনকি মহাসমুদ্রের দানব বলে খ্যাত 'কিলার হোয়েল'-কে পর্যন্ত আমেরিকার সী-ওয়ার্ল্ডে পোষ মানিয়ে ফেলা হয়েছে অতি দক্ষতার সাথে। সেগুলো তাদের ট্রেইনারদের কমান্ডকে এত নিখুঁত ভাবে কার্যকর করে থাকে যে দেখলে হতবাক হতে হয়।

উল্লেখ্য পাহাড়-পর্বত, বাতাসের প্রবাহ, দানবীয় জ্বীন সমূহ এবং সমস্ত পাখীর দল অনুগত ছিল হযরত দাউদ ও সোলায়মান আ:-এর (২১: ৭৯; ২৭: ১৬~১৭; ৩৪: ১২-১৩ দ্রষ্টব্য)। এর অর্থ এই নয় যে উনারা জীব-জন্তু সব ঘরে তুলে এনে পুষতেন। বরং তাদের সাম্রাজ্যের জ্বীন ও পাখীরা ছিল

তাদের একান্ত আজ্ঞাবহ। উনারা পাখীদের ভাষাতেও ছিলেন পারদর্শী (২৭: ১৭~২২ দ্রষ্টব্য)। অর্থাৎ পশু-পাখী ও প্রাণীদেরও যে নিজস্ব ভাষা আছে এবং মানুষের পক্ষে যে সেসব ভাষা আয়ত্ত করা সম্ভব, তাদের সাথে যোগাযোগ করা সম্ভব তা স্পষ্ট করা হয়েছে দাউদ ও সোলায়মান আ:-এর ঘটনাবলীর মাধ্যমে। আরও নিশ্চিত করা হয়েছে যে সোলায়মান আ:-এর মত আল্লাহর একনিষ্ঠ প্রিয় বান্দা হতে পারলে মানুষের পক্ষে পিপীলিকার কথাবার্তাও বুঝতে পারা সম্ভব (২৭: ১৮~১৯ দ্রষ্টব্য) যা কিনা শুধু বিজ্ঞান চর্চায় সম্ভব নয় কোন ভাবেই।

বোমাবাজি আজ বিশ্ব মানবের নিত্য সঙ্গী। আকাশ থেকে বোমা ফেলে নির্বিচারে শহর-গ্রাম, পাহাড়-পর্বত, ঘাট-মাঠ ধ্বংস করার ক্ষেত্রে মানুষের উন্নতি এখন চরমে। পাইলট বিহীন ড্রোন অন্তত তা-ই বলে। আল্লাহ পাকও এক সময় এক ঝাঁক পাখী দিয়ে বিশাল এক সৈন্যবাহিনীর উপর বোম্বিং করেছিলেন কা'বা ঘরকে রক্ষার লক্ষ্যে (সুরা আল-ফীল)। বিশ্বের সর্বপ্রথম সেই বোমাবর্ষণ মূলত ছিল স্পষ্ট এক নিদর্শন যাতে ইঙ্গিত দেয়া হয়েছিল যে মানুষও এক সময় সক্ষম হবে আকাশ থেকে বোমা ছুঁড়তে। অবশ্য অন্যান্য বিষয়ের মত এই দুই বোমাবাজির মধ্যেও তফাৎ বিস্তর। আল্লাহর বোম্বিং টার্গেট করেছিল শুধুমাত্র আল্লাহর সুনির্দিষ্ট দুশমনদেরকে। সেখানে নিহত হয়নি কোন নিরীহ জনগণ, ভঙ্গ হয়নি নিরীহ কারো অধিকার এবং ক্ষতিগ্রস্ত হয়নি অন্য কোন প্রাণী, উদ্ভিদ অথবা পরিবেশ। মানুষের কাছ থেকে তেমন 'পারফেক্ট বোম্বিং' আশা করা নিতান্তই দুরাশা মাত্র।

মানুষ তার সুখ, শান্তি ও সুস্বাস্থ্য নিশ্চিত করতে যুগের পর যুগ ধরে দুনিয়া জুড়ে গড়ে তুলেছে শত শত ঔষধের কারখানা। শত- সহস্র রজনী সাধনা করে তৈরি করেছে একেকটা ঔষধ। কিন্তু কোন ঔষধই পার্শ্ব প্রতিক্রিয়া হীন হতে পারেনি। অনেকগুলো বরং তরান্বিত করে থাকে যন্ত্রণাময় মৃত্যুকে। বেচারা রোগী তা বুঝতেও পারে না, জানতেও পারে না। নিজেদের প্রচেষ্টার এমন মাত্রাহীন সীমাবদ্ধতাকে মেনে নিয়ে এখন উন্নত বিশ্বের ডাক্তাররাও প্রেসক্রিপশনে লিখছেন দুধ-মধু খাও, টাটকা শাক-সবজী, ফল-মূল খাও আর নিয়মিত 'মেডিটেশন' করো।

ঠিক এই কথাটাই সৃষ্টির শুরু থেকে বলে আসছেন মানুষের অনন্ত কল্যাণকামী মহান আল্লাহ পাক। তিনি বলেন, 'আল্লাহর জিকিরেই রয়েছে অন্তরের স্বস্তি ও প্রশান্তি' (১৩: ২৮ দ্রষ্টব্য)। 'কোরআন হলো শেফা তথা সকল রোগ আরোগ্যকারী এবং মু'মিনের জন্য রহমত' (১৭:৮২ দ্রষ্টব্য)। 'কোরআনে আছে রোগের আরোগ্য, হেদায়েত ও রহমত মু'মিনদের জন্য' (১০: ৫৭ দ্রষ্টব্য)। 'মানুষের জন্য মধুতে আছে রোগের নিরাময়' (১৬: ৬৮~৬৯ দ্রষ্টব্য)। বিবিধ ফল ও সবজীর কথাও আল্লাহর কালাম জুড়ে বর্ণিত হয়েছে দফায় দফায়। দেখা যাচ্ছে দেরিতে হলেও মানুষ বুঝতে পারছে তার ক্ষমতার সীমাবদ্ধতা তাই ফিরছে আবার আল্লাহরই কাছে।

আকাশে মানুষের সীমানা

মানুষ আজ গর্বিত চন্দ্র জয় করে। গ্রহ-গ্রহান্তর জয় করার পথে সে নিজের জ্ঞানকেই যথেষ্ট পরিপক্ক ভাবতে ব্যস্ত ও অভ্যস্ত। কিন্তু সে জেনেও জানে না অথবা বুঝেও বুঝতে চায় না যে তার শক্তি নেই চাঁদকে ভেঙ্গে দু'টুকরো করার

যা রাসূলুল্লাহ সা: করতে পেরেছিলেন সামান্য এক 'পয়েন্টার ফিঙ্গারের' ইশারায় শুধুমাত্র আল্লাহর সাথে তাঁর একান্ত সম্পর্কের কারণে (৫৪: ১ এবং সংশ্লিষ্ট তফসির দ্রষ্টব্য)।

আজকে মানুষের ছুটে চলায় গতি এসেছে। গ্রহান্তর আজ তার করায়াত্ত্বে প্রায়। তার স্বপ্ন এখন 'টাইম মেশিনে' চেপে ভবিষ্যৎ বিশ্ব ঘুরে ফিরে দেখা। আমরা এখনও যখন সেই কল্পনা ও পরিকল্পনাতেই ব্যস্ত, আল্লাহ কিন্তু ততক্ষণে কাজটা সেরে ফেলেছেন তাঁর প্রিয়তম বান্দা রাসূলুল্লাহ সা:-কে পবিত্র মে'রাজে নিয়ে এবং স্পষ্ট করেছেন যে ঐ পথ বস্তুত শুধুমাত্র তাঁর ঘনিষ্ঠতমদের জন্যে আর সে পথে ভ্রমণের ব্যবস্থা শুধু আল্লাহ পাকই করতে পারেন, অন্য কেউ নয়।

মানুষের গবেষণা ভাণ্ডারে সময়কে নিয়ে আজ অনেক তথ্য বিদ্যমান। 'ব্ল্যাক হোল' যে সময়কে আটকে দিতে পারে তাও এখন আমাদের জানা। কিন্তু সময়কে আটকাতে আল্লাহ পাকের কোন মেকানিজমের প্রয়োজন হয় না। এক্ষেত্রে তাঁর হুকুমই যথেষ্ট। কারণ সময় আল্লাহরই সৃষ্ট তাই সে আল্লাহর আদেশ মানতে বাধ্য। কাজটাই আল্লাহ পাক করে দেখিয়েছেন পবিত্র মে'রাজের রাতে। সে রাতে সমগ্র সৃষ্ট জগত সমূহ পরিভ্রমণ শেষে ফিরে এসে রাসূলুল্লাহ সা: তাঁর অজুর পানিকে পেয়েছিলেন তখনও গড়িয়ে চলা অবস্থায়। বিছানা-বালিশকে পেয়েছিলেন একই রকম উষ্ণ। অর্থাৎ মে'রাজের মুহূর্তে সময় ছিল স্থির, স্তব্ধ ছিল তার প্রবাহ। যা কিনা একমাত্র আল্লাহ পাকের হুকুমেই সম্ভব।

রাসূলুল্লাহ সা:-কে মে'রাজে নিতে আল্লাহ পাক পাঠিয়েছিলেন 'বোরাক' এবং সপ্তম আকাশের পর তা পরিবর্তন করে নবীজিকে 'আরশে আজিম' পর্যন্ত বহন করা

হয়েছিল 'রফরফ'-এর মাধ্যমে। মহাকাশের নির্দিষ্ট পর্যায়ে এই যান পরিবর্তন করে দয়াময় আল্লাহ পাক বস্তুত মানুষকে বলে দিয়েছেন যে মহা-জাগতিক পরিভ্রমণে রয়েছে বিবিধ পর্যায় এবং এই ধাপগুলো অতিক্রম করতে দরকার বিভিন্ন ধরনের ভিন্ন ভিন্ন বাহনের। আজকের বিজ্ঞান নিয়মিতই তা করছে গ্রহান্তর পাড়ি দেয়ার ক্ষেত্রে। এখানে আল্লাহ পাক আরও দেখিয়েছেন যে তিনি চাইলে গাধা, ঘোড়া, খচ্চরকেও মহাকাল ও মহাজগত পাড়ি দেওয়ার যোগ্যতা সম্পন্ন করতে পারেন। তাই অতি ভঙ্গুর রকেটে করে কয়েকটা গ্রহ পাড়ি দিয়ে মানুষের জন্য কোন ভাবেই উচিত হবে না গর্বিত হওয়া।

এরপরও যারা আল্লাহর সর্বময় একক ক্ষমতাকে অস্বীকার করবে তাদেরকে গর্ব করার ব্যাপারে কঠোর ভাবে সতর্ক করে আল্লাহ পাক বলেছেন, পৃথিবীর বুকে মানুষের অহংকার করার কোন অধিকারই নেই, কারণ মানুষের পক্ষে সম্ভব নয় আকাশ ফুঁড়ে বা মাটি ভেদ করে আল্লাহর রাজত্বের সীমানা ছাড়িয়ে অন্য কোন রাজ্যে চলে যাওয়া (৭: ১৪৬; ১৭: ৩৭; ২৯: ২২ দ্রষ্টব্য)।

ভবিষ্যৎ মানব ক্ষমতা

এতসব সুস্পষ্ট নিদর্শন এবং উদাহরণ সমূহের পরও মানুষ বোধকরি খুব বেশী দিন আর পরম ক্ষমতার অধিকারী আল্লাহ তা'য়ালার শক্তিমত্তাকে স্মরণে রাখতে পারবে না। কারণ মানুষের সুস্থ বিবেক সব সময় তার মনের অসুস্থ চাহিদার সাথে পেরে ওঠে না। মানুষের সেই অসুস্থ চাহিদা যে ভাবে দুর্বার গতিতে বেড়ে চলেছে দিনের পর দিন তাতে অদূর ভবিষ্যতে অত্যুৎসাহী বিজ্ঞানীদেরকে তাদের আবিষ্কারের কৃতিত্ব লাভের লোভ থেকে ফিরিয়ে রাখা যাবে বলে মনে হয়

না। তাই কৃত্রিম জীব কোষ উদ্ভাবনের সূত্রে যদিও এখনো কেউ নিজেকে খোদা বলে দাবী করেনি তবে কেউ কেউ যে অচিরেই আল্লাহর অস্তিত্বকে চ্যালেঞ্জ করতে দ্বিধা করবে না তার নমুনা বর্তমানে খুবই স্পষ্ট। বিজ্ঞানের নিয়মিত সাফল্যগুলোর সাথে পাল্লা দিয়ে মানুষের এই প্রবণতা যে আরও বাড়বে তা বলাই বাহুল্য। অবশেষে আল্লাহর অস্তিত্বকে চূড়ান্ত ভাবে চ্যালেঞ্জ করবে দাজ্জাল তার সর্বশক্তি দিয়ে। কোরআন- হাদিসের আলোকে আমাদের অদূর ভবিষ্যৎ তেমনই হওয়ার কথা এবং সে পথেই এগিয়ে চলেছি আমরা।

বিখ্যাত হাদিস গ্রন্থগুলোর দাজ্জাল সংক্রান্ত বিবরণী থেকে জানা যায় যে দাজ্জালের একটা চোখ হবে নষ্ট। অথচ তার থাকবে ব্যাপক ক্ষমতা। সে মৃতকে জীবিত করতে পারবে, বৃষ্টি ঝরাতে পারবে। এমনকি ভূমিকম্প ঘটানোর ক্ষমতাও থাকবে তার। দ্রুতগতির বাহনে সে বিশ্বজুড়ে ঘুরতে পারবে ইচ্ছা মত। বেহেশত-দোজখের মত তারও থাকবে মানুষকে পুরস্কৃত করা ও শাস্তি দেয়ার আপাত ক্ষমতা। অর্থাৎ বিজ্ঞানের দৌরাত্ম্য তখন এতটাই সর্বব্যাপী হবে যে মানুষ জানবে কেমিক্যাল দিয়ে বৃষ্টি নামানোর কৌশল। জানবে ছোট-খাটো টেকটনিক প্লেটকে বিস্ফোরক দিয়ে একটিভেট করে ভূমিকম্প ঘটানোর সূত্র। মোট কথা বিজ্ঞানের যত আবিষ্কার এ পর্যন্ত হয়েছে এবং আগামীতে হবে তার চূড়ান্ত অপব্যবহার হবে দাজ্জালের হাতে।

ঐ অবস্থায় আল্লাহর উপর থেকে মানুষের বিশ্বাস উড়ে যাবে কর্পূরের মত। ঈমান ঠিক রাখা হবে খালি পায়ে জ্বলন্ত অঙ্গারের উপর হাঁটার মতই দুরূহ ও ভয়াবহ। রসুলুল্লাহ সা: স্বয়ং সেই সময়টাকে মানব জাতির জন্য আদম আ:-এর জন্মের পর তথা এখানে মানুষের আগমনের পর পৃথিবীর বুকে সৃষ্ট সবচেয়ে ভয়ংকরতম দুঃসময় বলে উল্লেখ

করেছেন। সেই মহা বিপর্যয়ের মধ্যেও টিকে থাকবে আল্লাহ পাকের একনিষ্ঠ কিছু বান্দা। সত্যিকারের সেই দৃঢ় ঈমানদারেরা ব্যাপক নির্যাতনের মুখেও অস্বীকার করবে দাজ্জালের 'খোদা' হওয়ার দাবীকে। দাজ্জালের কপালে আরবি হরফে 'কাফের' লিখা সিল মোহর দেখে সেই সব বিশ্বাসীদের ঈমান হবে আরও দৃঢ়।

চোখে না দেখে শুধু হাদিসের বর্ণনা পড়ে আমাদের পক্ষে এই মুহূর্তে দাজ্জালকে চেনা এবং অস্বীকার করা সহজ। কারণ যে ব্যক্তি নিজের নষ্ট চোখ ঠিক করতেই অক্ষম তার 'খোদা' হওয়ার দাবী রীতিমত হাস্যকর তা সে যত ক্ষমতাধারীই হোক না কেন। প্রকৃত প্রস্তাবে মানুষ যত বড় বিদ্বান, বিজ্ঞানী আর যতই সুশীল হোক না কেন তার অক্ষমতা, অযোগ্যতা আর সীমাবদ্ধতা যে কত ব্যাপক তা বুঝবার জন্য তার নিজ দেহের পাকস্থলীর দিকে খেয়াল করাই বোধকরি যথেষ্ট।

মানুষের যদি সত্যিই কোন সক্ষমতা থাকতো তাহলে সে তার শরীর থেকে প্রথমেই বাদ দিত তার পাকস্থলীটাকে কারণ ঐ অঙ্গটা মূলত একটা মল-মূত্রের থলি বিশেষ যা কিনা কোন সুযোগ্য সম্মানিত ব্যক্তির পক্ষে সব সময় বহন করে বেড়ানো নিতান্তই অশোভনীয় ও অসম্মানজনক। এতে চরম এই সত্যটাই প্রতিষ্ঠিত হয় যে আমরা মানুষ নামক প্রাণীরা যারা প্রত্যেকে বস্তুত:পক্ষে মল-মূত্রের একেকজন সার্বক্ষণিক ধারক ও বাহক এবং যাদের প্রতিটি দিনের শুরু ও শেষ হয় দুর্গন্ধময় টয়লেটে তাদের জন্য কোন ক্ষেত্রেই অহংকার করার কোন সুযোগ বা অধিকার কোনটাই নেই।

এ কারণেই সর্বশক্তিমান আল্লাহ পাকের ক্ষমতা ও শক্তির একনিষ্ঠ বাহক হয়েও আল্লাহর কোন নবী, রাসূল বা মহাপুরুষ কখনোই কোন দম্ভ করেননি। আল্লাহর দয়াতে

পাওয়া বিদ্যা, বুদ্ধি ও জ্ঞান, তাঁরই দেয়া বস্তু ও পদার্থের উপর ব্যবহার করে লাভবান হওয়ার পর কিভাবে কৃতজ্ঞ থাকতে হয় তা তারা দেখিয়ে দিয়ে গেছেন তাদের জীবনে। প্রমাণ করে গেছেন যে সেই কৃতজ্ঞতা বোধের মধ্যেই রয়েছে মানুষের প্রকৃত বিজয়, মুক্তি ও শান্তি। তাদের প্রদর্শিত সেই অহং ও ঔদ্ধত্য বিহীন সকৃতজ্ঞ পথই হলো আল-কোরআনের পথ, আল্লাহ্ পাকের পথ। এই পথচ্যুত বিজ্ঞান মানব জাতি ও পৃথিবীর জন্য ক্ষতিকর হতে বাধ্য।

সামনে দুরূহ পথ
ভয়াবহ সময়

দাজ্জাল টিকবে না যেমন টেকেনি ক্ষমতা মত্ত ফেরাউন রাজত্ব। একই ভাবে বিজ্ঞান দিয়ে এবং বৈজ্ঞানিক হয়ে যত কিছুই করি না কেন শেষ পর্যন্ত আমাদেরকেও ছাড়তে হবে দুনিয়া, ফিরতে হবে আপন উৎসে। এটাই বাস্তবতা। বিজ্ঞানও বলে একই কথা, বলে 'শক্তির শেষ নেই, সেটার পরিবর্তন হয় মাত্র'। একটু অন্য রকম শোনা গেলেও মূল কথা ঐ একই আর তা হলো আমাদের এই জীবনে পরিবর্তন অবধারিত এবং তা অতি আসন্ন। অর্থাৎ এ জীবনের শেষ মানেই নিঃশেষে শেষ হয়ে যাওয়া নয় বরং নতুন করে আবার শুরু করা।

কিন্তু মুশকিল হচ্ছে পরিবর্তনের ঐ পথ আমাদের অজানা, এতটাই অজানা যে তা আমাদের ধারণারও অতীত। এ ক্ষেত্রে আমাদের জ্ঞান- বিজ্ঞানও নিতান্তই অসহায়। তবে মানুষের কোন ধারণা নেই বলে তার অস্তিত্বই নেই তেমন ভাবারও কোন উপায় নেই। কারণ আমাদের উৎপত্তিও তো সেই অজানা থেকেই। যে অন্ধকারের পথ বেয়ে আমাদের জন্ম সেই অন্ধকারই বস্তুত আমাদের গন্তব্য। বিশ্বচরাচর বিস্তৃত সেই অন্তহীন অন্ধকারের মাঝে একমাত্র আলো মহান আল্লাহ পাকের পবিত্র নূর। তাই শুধুমাত্র সেই নূরের কালামই আমাদেরকে দিতে পারে ঐ অজানা অন্ধকারে পথের দিশা।

সেই নূরের কালাম বলে মানুষের চূড়ান্ত গন্তব্য হয় জান্নাত নতুবা জাহান্নাম। জান্নাতের ঠিকানা দিতে গিয়ে বলা হয়েছে যে সিদরাতুল মুনতাহার কাছে আছে জান্নাতুল মাওয়া

(৫৩: ১৩~১৭ দ্রষ্টব্য)। উল্লেখ্য এই সিদরাতুল মুনতাহাই হলো নশ্বর ও অবিনশ্বর জগতের প্রান্ত সীমা। অর্থাৎ যে অবিনশ্বর মহাজগতের কেন্দ্র থেকে উৎপত্তি হয়েছে এই নশ্বর মহাবিশ্ব সেই কেন্দ্র তলেই ফিরতে হবে আমাদেরকে। এটাই আল্লাহর দরবারে ফিরে যাওয়া এবং এই কথাটাই আল্লাহ পাকের প্রত্যেক নবী মানব সমাজে প্রচার করে গেছেন আবহমান কাল ধরে। পবিত্র কোরআন ও হাদিসেও বারবার স্মরণ করিয়ে দেয়া হয়েছে এই বাণী। বলা হয়েছে, এই মহাবিশ্বের সব কিছুকেই ফিরতে হবে মহান স্রষ্টার কাছে (৩: ৮৩; ১০: ৪ দ্রষ্টব্য)।

অনাদি কাল থেকে আল্লাহ পাকের প্রিয় বান্দাদের প্রচারিত এই বাণী এখন অমোঘ সত্য হিসেবে ধরা পরতে শুরু করেছে মানুষের জ্ঞান ও গবেষণাতেও। বিজ্ঞান এখন নিশ্চিত ভাবেই বলছে মহাজগতের অব্যাহত সম্প্রসারণের পর অনিবার্য সংকোচনের কথা এবং সংকুচিত হতে হতে উৎস মূলে ফিরে যাওয়ার কথা। অতীব গুরুত্বপূর্ণ জটিল এই বিষয়টি মহান আল্লাহ পাক স্বল্পতম অনবদ্য ভাষায় উল্লেখ করেছেন পবিত্র কোরআনে, বলেছেন 'তারা কি দেখে না যে আমি কি ভাবে ভূমিকে ক্রমান্বয়ে সংকুচিত করে চলেছি চতুর্দিক থেকে' (১৩:৪১; ২১:৪৪ দ্রষ্টব্য)।

আল্লাহ পাকের এই বিবরণীতে এটা পরিষ্কার যে বিশ্ব সংকোচনের সেই অনিবার্য প্রক্রিয়া শুরু হয়ে গেছে ইতোমধ্যেই। বোধকরি এ কারণেই আল্লাহ পাক তাঁর পবিত্র কালামে বিশ্ব ধ্বংসের সময়কে অতি নিকটবর্তী বলে উল্লেখ করেছেন বারবার। আল্লাহ পাক বলেন, 'কেয়ামতকে নিকটবর্তী করা হয়েছে'। তিনি আরও বলেন, 'তারা

কেয়ামতকে মনে করছে বহু দূরে কিন্তু আমি কেয়ামতকে দেখছি খুবই কাছে' (১৭: ৫১; ৩৩: ৬৩; ৪৭: ১৮; ৫৩: ৫৭; ৫৪: ১; ৭০: ৬~৭ দ্রষ্টব্য)। বলাই বাহুল্য যে আমাদের বিজ্ঞান বোধকরি এখনো ধরতে পারেনি সংকোচনের এই প্রক্রিয়া তাই এ ব্যাপারে তারা এখনো নীরব। বস্তুত বিপদ ঘরের মধ্যে হামলে না পরা পর্যন্ত মানুষের বিজ্ঞান তা উপলব্ধি করতে পারেনি কোন কালেই। টেকনোলোজির এই মহা উন্নতির যুগেও মানব জ্ঞানের এই সীমাবদ্ধতা এক ধ্রুব সত্য। সেজন্যেই বিপদজনক গ্রহাণুগুলো পৃথিবীর কাছাকাছি না আসা পর্যন্ত এখনো আমরা তা সনাক্তই করতে পারি না।

একই অবস্থা হবে কেয়ামতের সময়ও। আল্লাহ পাক বলেন, 'কেয়ামত শুরু হবে হঠাৎ, মানুষ থাকবে অপ্রস্তুত' (৬: ৩১; ৭: ১৮৭)। মহা ধ্বংসের সেই ভয়াবহতা দেখে হিতাহিত জ্ঞান শূন্য মানুষ মাতালের মত ছুটতে থাকবে দিকবিদিক। মানুষের অবস্থা হবে পঙ্গপালের মত বিক্ষিপ্ত। মা ভুলে যাবে তার ক্ষুধার্ত শিশুকে। গর্ভধারিণীরা গর্ভ ছেড়ে দেবে নিজের অজান্তে, ভয়ে ও আতংকে। বালক পরিণত হবে বৃদ্ধে, বনের পশুরা শত্রুতা ভুলে হয়ে যাবে একত্রিত। প্রলাপ বকতে থাকবে মানুষ। বলবে, এসব কি হচ্ছে, কিভাবে হচ্ছে, এখন কোন দিকে পালাই (২২:২; ২৭:৮৭; ৪০:১৮; ৭৩:১৭; ৭৫:১০-১১; ৮১:৫; ৯৯:৩; ১০১:১-৪ দ্রষ্টব্য)।

আপন স্রষ্টার কাছে প্রত্যাবর্তনের অবধারিত ঐ ঘটনা প্রবাহে সর্বতোভাবে লাভবান হবে জান্নাতিরা। জান্নাতিদের জন্যে যত ধরণের উপহার- উপঢৌকনের কথা বলা হয়েছে তার মধ্যে সবচেয়ে লোভনীয় ও আকর্ষণীয় উপহার হলো মহান আল্লাহ পাকের দর্শন লাভ (১৮:১১০; ৭৫:২২~২৩;

৮৪:৬ এবং সহি বোখারি ও মুসলিম শরিফের সংশ্লিষ্ট হাদিস দ্রষ্টব্য)। জান্নাতিরা আল্লাহ পাককে দেখবে তাঁর আসল রূপে। তাই জান্নাতের অবস্থান আল্লাহ পাকের অবিনশ্বর মহাজগত তথা আরশে আজিমের সন্নিকটে হওয়াই স্বাভাবিক ও যুক্তিযুক্ত। বস্তুত সেই সত্যই পুণঃ নিশ্চিত করা হয়েছে জান্নাতুল মাওয়ার অবস্থান সুনির্দিষ্ট ভাবে সিদরাতুল মুনতাহার কাছে উল্লেখ করার মাধ্যমে।

তবে এত লোভনীয় জান্নাতে পৌঁছানো মানুষের জন্যে কোন সহজ সাধ্য কাজ হবে না (৮৪:৬ দ্রষ্টব্য)। জান্নাতমুখী অভিযাত্রায় প্রতিটি মানুষকেই দেখতে হবে জাহান্নাম তথা পার হতে হবে পুলসিরাত যার নিচে থাকবে প্রজ্বলিত দোজখের লকলকে অগ্নিশিখা (১৯:৭১ এবং বোখারি শরিফের সংশ্লিষ্ট হাদিস দ্রষ্টব্য)। অর্থাৎ জাহান্নামের অবস্থান হলো জান্নাতের থেকে নীচে তথা নশ্বর ও অবিনশ্বর মহাজগতের প্রান্ত সীমা সিদরাতুল মুনতাহা থেকেও অনেক নীচে যেখানে অন্তহীন শান্তিধাম অবিনশ্বর আরশে আজিমের ছিটে ফোঁটাও অনুভব করা সম্ভব হবে না।

দেখা যাচ্ছে যে শেষ বিচার সমাপ্তির পর মানুষের জন্য অপেক্ষা করছে এক ভয়াবহ ও দুর্গম পথের অভিযাত্রা। এ পথের দূরত্ব কত হতে পারে তারও একটা ধারণা দেয়া হয়েছে পবিত্র আল কোরআনে। আল্লাহ পাক বলেন, শেষ বিচারের ময়দানের একেকটা দিন হবে পৃথিবীর হাজার বছরের সমান (২২:৪৭; ৩২:৫ দ্রষ্টব্য)। অন্যদিকে সিদরাতুল মুনতাহা এলাকার একেকটা দিন হলো পৃথিবীর পঞ্চাশ হাজার বছরের সমান (৭০:৪ দ্রষ্টব্য)। অর্থাৎ বিচারের ময়দান হবে আল্লাহ পাকের অবিনশ্বর এলাকা থেকেও অনেক অনেক

নীচে, অন্যত্র। সেখানে আল্লাহ্ পাক অবতরণ করবেন শেষ বিচারের একক বিচারক হিসেবে। অনুপুঙ্খ হিসাব-নিকাশ করবেন পৃথিবীর আদি থেকে অন্ত পর্যন্ত সৃষ্ট প্রতিটি আদম সন্তানের। সেদিন তিনি ছাড়া সিদ্ধান্ত নেয়ার বা দেয়ার কেউ থাকবে না। বস্তুত তাঁর কোন কর্তৃত্ব বা সিদ্ধান্তে কেউ-ই কখনোই অংশ নেয় না, নিতে পারে না (১:৩; ১৮:২৬ দ্রষ্টব্য)।

বিচার-আচার শেষে হাজার বছর সমান দিবসের হাশরের মাঠ থেকে মানবকুলকে যেতে হবে ঐ পঞ্চাশ হাজার বছর সমান একদিনের এলাকা অভিমুখে। এলাকা দুটোর মধ্যে সময়ের সুবিশাল পার্থক্য থেকেই বোঝা যায় যে দুর্গম ঐ পথের দূরত্ব হবে বহু সহস্র কোটি আলোক বর্ষ কিম্বা তারও বেশী। ঐ দূরত্ব অতিক্রম করেই প্রতিটি মানুষকে পৌঁছাতে হবে তার জন্যে নির্ধারিত গন্তব্যে, হয় বেহেশত নতুবা দোজখে। দেখা যাচ্ছে জান্নাতিদের জন্য পথের দূরত্বটা হবে জাহান্নামীদের চেয়েও বেশী। কারণ জাহান্নাম পার হয়েই তাদেরকে যেতে হবে জান্নাতের দিকে। পুরো ঐ যাত্রা পথ যে কতটা দীর্ঘ হবে তা জানেন শুধুই আলেমুল গায়েব তথা মহান আল্লাহ্ পাক। তবে ঐ দূরত্ব পাড়ি দেয়া যে অংকের যোগ-বিয়োগের মত সোজা-সাপটা কিছু হবে না অথবা আমাদের রকেটের গতির মতও সহজ-সরল হবে না সেটা বলা হয়েছে খুবই পরিষ্কার করে।

বলা হয়েছে যে যারা হবে পুণ্যাত্মা তারা আমলনামা পাবে ডান হাতে এবং তাদের সাথে থাকবে আলো। বেহেশতের পথে তারা সেই দুরূহ অন্ধকার মহা প্রান্তর পাড়ি দেবে অনায়াসে, চোখের পলকে। অন্যদিকে বাম হাতে আমলনামা পাওয়া ব্যক্তিরা পথ হারাবে অন্ধকারে। হাতরে

বেড়াবে রাস্তা। আলো হাতের পুণ্যাত্মাদেরকে অনুনয় করে বলবে তাদের জন্য একটু অপেক্ষা করতে, তাদেরকে একটু আলো দিয়ে সাহায্য করতে। কিন্তু দুর্গম সেই পথে অপেক্ষা করার মত অবস্থা থাকবে না কারো। দাঁড়ানো সম্ভব হবে না কারো পক্ষেই। সবাই থাকবে প্রকম্পিত, চরম ভাবে আতংক গ্রস্ত, ব্যস্ত থাকবে সবাই শুধুই নিজেকে নিয়ে (৫৭:১২~১৩; ৭০:৮~১৪; ৮০:৩৩~৩৭ এবং বোখারী ও মুসলিম শরীফের সংশ্লিষ্ট হাদিসগুলো দ্রষ্টব্য)।

ঐ পথহারাদেরকে এবং অতি পাপী যারা পথ চলতেই হবে অক্ষম তাদেরকে টেনে, হিচঁড়ে এবং পিটিয়ে বাধ্য করা হবে ঐ পথ পাড়ি দিতে (সহি বোখারীর শেষ বিচার সংক্রান্ত হাদিস দ্রষ্টব্য)। এদের জন্য ভয়ংকর সেই পথের ভোগান্তি হবে অবর্ণনীয়। তাদের পথ চলা শেষ হবে না সহজে, আবার অন্তহীন কালও হবে না সেই পথ চলা। বরং আল্লাহ কর্তৃক নির্ধারিত সময়ের মধ্যেই ফেরেশতারা ঐ পাপীদেরকে পৌঁছে দেবে পুলসিরাতের উপর যা তারা পাড়ি দিতে না পেরে পড়ে যাবে নীচের দোজখে, পৌঁছে যাবে তাদের গন্তব্যে।

এ সব বিবরণী থেকে বোঝা যায় যে বেহেশত-দোজখের অবস্থান হবে সিদরাতুল মুনতাহার এপারে তথা নশ্বর এই মহাজগতের প্রান্তে। কিন্তু আল্লাহ পাক বলেছেন, পৃথিবীর মৃত্যু ছাড়া জান্নাতে মৃত্যু বলে কিছু থাকবে না (৪৪:৫৬ দ্রষ্টব্য)। তাই প্রশ্ন থেকে যায় যে মৃত্যুময় নশ্বর এই মহাজগতের প্রান্তে কিভাবে সম্ভব হবে জান্নাত ও জাহান্নামবাসীদের মৃত্যুহীন অনন্ত জীবন? মহান আল্লাহ পাক এই প্রশ্নেরও যথাযথ উত্তর দিয়েছেন প্রিয় নবীজি সা:-এর পবিত্র জবানীতে। সহি বোখারী শরীফের হাদিসে বলা হয়েছে

যে মানবকুলের বিচার-আচারের নিষ্পত্তি হয়ে যাওয়ার পর বেহেশত ও দোজখের মাঝ বরাবর মৃত্যুকে উপস্থিত করা হবে একটা মেষ শাবক বেশে এবং সেখানে সেটাকে জবাই করে মৃত্যুর সমাপ্তি ঘোষণা করা হবে চিরতরে। সেই দৃশ্য দেখবে বেহেশত ও দোজখবাসী সবাই। এতে বেহেশতবাসীরা হয়ে উঠবে আরও উৎফুল্ল অন্যদিকে হতাশায় মুহ্যমান হয়ে পরবে জাহান্নামীরা।

সুতরাং দেখা যাচ্ছে যে নশ্বর এই মহাবিশ্বের বাহিরে অবিনশ্বর মহাজাগতিক এলাকার অস্তিত্ব অবশ্যই এক ধ্রুব সত্য এবং সেটা আমাদের এ পর্যায়ের বৈজ্ঞানিক সব অর্জনের ভিত্তিতেও প্রমাণ করা সম্ভব। আরও ধারণা করা সম্ভব যে সেই অসীম জগত প্রকৃত অর্থেই সকল প্রকারের সীমাবদ্ধতা মুক্ত এবং সে বিষয়ে কোরআন- হাদিসের বিবরণীগুলোর সবই চরম ও চূড়ান্ত সত্য। তাই ভয়াবহ রোজ কেয়ামত ও তৎপরবর্তি কঠোর বিচার এবং সব শেষে হাজার বছর সমান দিনের বিচারের মাঠ থেকে পঞ্চাশ হাজার বছর সমান দিনের বেহেশত ও দোজখমুখী দুর্গম পথ পাড়ি দেয়ার যে কষ্টসাধ্য দুরূহ সময় মানুষের সামনে অপেক্ষা করছে তাও এখন আর অবিশ্বাস করার কোনই উপায় নেই। এই তথ্যগুলোর কোন একটার মধ্যে যদি সামান্যতম অসঙ্গতিও থাকতো তাহলে এগুলোর বিবরণীতে কখনই এতটা যৌক্তিক ও নিখুঁত বৈজ্ঞানিক সমন্বয় দেখা যেত না।

পরম এই সত্যগুলোর বিষয়ে সুস্পষ্ট জ্ঞান ও পর্যাপ্ত উপলব্ধি বোধ ছাড়া এই পৃথিবী ত্যাগ করা যে মানুষের জন্যে হবে বড়ই ভয়াবহ, নিদারুণ অনুতাপের এবং অকল্পনীয় ক্ষতির তা বলার অপেক্ষা রাখে না। বস্তুত পরলোকের পথে

এই যাত্রাই মানব জন্মের সবচেয়ে কঠিনতম বাস্তবতা এবং জটিলতম চ্যালেঞ্জ। এই চ্যালেঞ্জের ভয়াবহতা বোঝাতে গিয়ে প্রিয় নবীজি সা: বলেছেন, 'আমি যা জানি তোমরা যদি তা জানতে তাহলে কাঁদতে বেশী হাসতে কম' (সহি বোখারি শরিফ দ্রষ্টব্য)। বিষয়টা লক্ষ- কোটি বার শত- সহস্র উপমা দিয়ে বোঝালেও মানুষ যে তা কিছুতেই বুঝতে চাইবে না তা খুব ভালো ভাবেই জানেন সর্বজ্ঞ আল্লাহ। কিন্তু মানুষের প্রতি আল্লাহ পাক অতি দয়াময়, অত্যন্ত স্নেহশীল। তাই তিনি মানুষের সবচেয়ে বিশ্বস্ত প্রতিনিধি রাসূলুল্লাহ সা:-কে মে'রাজের রজনীতে নিজের কাছে ডেকে নিয়ে চাক্ষুষ দেখিয়ে দিয়েছেন শেষ পরিণতির দৃশ্যাবলী। অতঃপর সোজাসুজি ভাষায় পুণঃ সতর্ক করে বলেছেন, 'মুসলমান না হয়ে মারা যেও না' (২:১৩২; ৩:১০২ দ্রষ্টব্য)।

এ জন্যেই জাতি-গোত্র নির্বিশেষে বিশ্বের প্রতিটি মানুষের জন্য জীবনের শুরু থেকেই পরম এই জ্ঞানের তথা কোরআনিক জ্ঞানের যথাযথ চর্চা ও অনুশীলন নিশ্চিত করা অতীব জরুরী। শিক্ষার এই ভিত্তিটা ঠিক মত গড়ে দিতে পারলে আশা করা যায় যে তা হয়তো জীবনের নিত্য উত্থান-পতন এবং সায়েন্স ও টেকনোলোজির লাগামহীন মোহনীয় দাপটের মাঝেও মানুষকে চূড়ান্ত গন্তব্য-চ্যুত হওয়ার হাত থেকে রক্ষা করতে সক্ষম হবে।

স্মৃতিতে ভাস্বর ওলী-এ কামেল
হযরত শাহ্ সৈয়দ ইমাম নজর আহমদ রহ:

বিজ্ঞান- অপবিজ্ঞানের শত ভ্রান্তি ও বিভ্রান্তির মাঝেও আল্লাহ পাকের অভ্রান্ত পথের উপর টিকে থাকা সম্ভব। তেমন আল্লাহর বান্দা রয়েছেন আমাদের আশেপাশেই। আল্লাহকে আন্তরিক ভাবে অনুভব করতে পারলে সে রকম ওলীর সান্নিধ্য পাওয়ার ব্যবস্থা করে দেন আল্লাহ পাক স্বয়ং। উনাদের সান্নিধ্যে বোঝা যায় আল্লাহর ইবাদতের সৌন্দর্য ও শক্তি এবং পরিষ্কার হয়ে যায় মানুষের ক্ষমতার সীমানা। তেমনই এক আল্লাহর ওলী ছিলেন ঢাকার নারিন্দা পীর সাহেব হুজুর হযরত শাহ সৈয়দ ইমাম নজর আহমদ রহ:।

প্রথম দেখার মুগ্ধতা

আব্বার হাত ধরে প্রথম যখন নারিন্দা শরৎগুপ্ত রোডের 'পীর সাহেব বাড়ি'তে গিয়েছি তখন আমি ছোট্ট এক বালক মাত্র। স্পষ্ট মনে আছে মাথায় সবুজ রং-এর গোল টুপী পড়া আবক্ষ শুভ্র শশ্রূ মণ্ডিত হুজুর রহ:-এর উজ্জ্বল উদ্ভাসিত মুখখানি প্রথম দর্শনেই আমাকে আন্দোলিত করেছিল দারুণ ভাবে। পূর্ব পরিচিত আব্বাকে তিনি যে ভাবে সাদরে অভ্যর্থনা জানিয়েছিলেন তা শুধুমাত্র নিকট আত্মীয়দের ক্ষেত্রেই প্রযোজ্য বলে জানতাম। আব্বা নিজে মোসাফাহ করেই পেছনে লুকিয়ে থাকা আমাকে টেনে নিয়েছিলেন হুজুরের সামনে। পরিচয় করিয়ে দিয়েছিলেন তার কনিষ্ঠ পুত্র হিসেবে। পরম মমতায় হুজুর আমাকে জড়িয়ে নিয়েছিলেন তাঁর তুলতুলে বপুতে আর চুম্বনের স্নেহাশীষ একে

দিয়েছিলেন কপালে। পবিত্র সেই ভালবাসার বন্ধন ছিন্ন হয়নি আর কখনোই। বরং উত্তরোত্তর বেড়ে গিয়ে তা এমন পর্যায়ে পৌঁছেছিল যে বয়ঃপ্রাপ্তি পরবর্তী প্রতিটি বৃহস্পতিবার আমি ব্যস্ত হয়ে পড়তাম হুজুরের দরগায় সাপ্তাহিক দোয়া মহফিলে যাওয়ার জন্য।

বাদ মাগরিব অনুষ্ঠিত সেই মহফিলে সম্মিলিত ভাবে খতম করা হতো দরূদ শরীফ 'সালাতে কামেলাহ' (দরূদে নারিয়াহ)। এরপর হুজুর বক্তব্য রাখতেন। সমসাময়িক সমস্যা প্রাধান্য পেত সেখানে। কোরআন- হাদিস আর নবী- রসূল, ওলী- আউলিয়াদের জীবন চরিতের আলোকে উদাহরণ সহ বাতলে দিতেন সমাধান। প্রতিটি বক্তব্য ও ব্যাখ্যায় থাকতো সার্বজনীন ও সহজ বোধ্য অথচ অলঙ্ঘনীয় যৌক্তিকতা। বর্ণিত সেই সব সমাধান ছিল এক কথায় অনন্য সাধারণ। বলা যায় সমস্যার 'মরা গিটঠু' তিনি খুলে ফেলতেন অবিশ্বাস্য স্বাচ্ছন্দ্যে ও অবলীলায়। মসজিদ ভর্তি অভ্যাগতদের সাথে সেই সব অমূল্য বক্তব্য শুনে আমি মুগ্ধ হয়েছি দিনের পর দিন। কোরআন ও হাদিসের বাণীকে জেনেছি আরো গভীর ভাবে। হুজুর রহ:-এর বক্তব্য আর ব্যাখ্যার সূত্র ধরে খুলেছে যে জ্ঞানের দুয়ার তাতে প্রবেশ করে প্রতিনিয়ত নতুন ভাবে উপলব্ধি করেছি আল্লাহ পাকের পরম শক্তি ও মহিমাকে। নিয়মিত হুজুরের কাছাকাছি থাকতে গিয়ে আল্লাহর সাথে উনার পরম সম্পর্কের কিছু ঝলক দেখেছি অনেকটা বিদ্যুৎ চমকের মত।

এক বৃহস্পতিবার বাদ আছর হেঁটে রওনা হয়েছি হুজুরের মসজিদের উদ্দেশ্যে। হঠাৎ-ই মনে খেলে গেল বিভ্রান্তির দোলা। মনে পড়লো রাসূলুল্লাহ সা:-এর বিখ্যাত

হাদিস যেখানে বলা হয়েছে মক্কার বায়তুল্লাহ শরীফ, মদিনার মসজিদে নববী আর জেরুসালেমের মসজিদুল আকসা ছাড়া পৃথিবীর অন্য কোন মসজিদের দিকে সাওয়াবের উদ্দেশ্যে যাওয়া যাবে না। ভাবলাম, তবে কি নারিন্দা হুজুরের দরগায় আমার এই ত্রস্ত যাত্রা ভুল? মনের ধোঁকা মনের মধ্যে চেপে রেখেই গেলাম দরূদের মজলিসে। অংশ নিলাম খতমে। কিন্তু শান্তি যেন পাচ্ছিলাম না কিছুতেই। খতম শেষে হুজুর বয়ান শুরু করলেন। হামদ, নাত শেষ করে হুজুর বলা শুরু করলেন, দুনিয়ার বুকে তিনটি মসজিদ ছাড়া অন্য কোন মসজিদে সওয়াবের নিয়তে যাওয়া যাবে না, এর প্রকৃত অর্থ হলো...'। বিস্ময়ে বাক-রুদ্ধ আমি অবাক চেয়ে রইলাম হুজুরের দিকে। কি ভাবে জানলেন উনি আমার মনের প্রশ্ন? একি শুধুই কাকতালীয়? আমি এখনো তা মনে করি না।

কোরআন ও সুন্নাহর আলোকে যুক্তিময় ব্যাখ্যায় হুজুর রহ: সেদিন দূর করে দিয়েছিলেন আমার মনের ওয়াছ ওয়াছা। মূল্যবান ঐ ব্যাখ্যার সার কথা ছিল ঐ তিন মসজিদে যাওয়া মাত্রই, এমনকি সেখানে যাওয়ার দৃঢ় নিয়তের কারণেও সওয়াবের ভাগীদার হওয়া সম্ভব যা অন্য মসজিদের ক্ষেত্রে প্রযোজ্য নয়। অর্থাৎ অন্য মসজিদগুলোতে যা ইবাদত-বন্দেগী করা হবে ঠিক সেই পরিমাণই সওয়াব পাওয়া যাবে, শুধুমাত্র সেখানে যাওয়ার কারণে বাড়তি কোন সওয়াব পাওয়া যাবে না। অন্য কোন মসজিদের ক্ষেত্রে তেমন বাড়তি সওয়াব আশা করা অন্যায় এবং তা বিশ্বাস করা অবৈধ। এরপরই আমি নিশ্চিত হয়েছিলাম যে দোয়া-দরূদের উদ্দেশ্যে নারিন্দা পীর সাহেবের বাড়ীতে আমার যাওয়া আসায় ঐ হাদিস কোন প্রতিবন্ধক ছিল না।

দোয়ার শক্তি

মাঝে মধ্যে কোন কোন বৃহস্পতিবার মজলিসে আসতে হুজুর বেশ দেরী করতেন। বেশীর ভাগ ক্ষেত্রেই তার কারণ ছিল বিবিধ দুর্ঘটনা বা অস্বাভাবিক কোন পরিস্থিতি। এসব ক্ষেত্রে মজলিসকে বলা হতো ‘ইয়া-সালামু’ অথবা সূরা কুরাইশ পড়ার জন্য। হুজুর মজলিসে না আসা পর্যন্ত সেই পড়া অব্যাহত থাকতো। এমনই এক বৃহস্পতিবার হুজুরের দেরী দেখে মনে হলো উনি হয়তো আজ আর মজলিসে আসবেন না। শেষ পর্যন্ত অবশ্য তিনি এলেন তবে হুজুরের চেহারা দেখে আমরা সবাই স্তব্ধ হয়ে গেলাম। অসম্ভব ক্লান্তি আর বিষণ্ণতায় বিবর্ণ ছিল তাঁর মুখাবয়ব। মজলিসে বসেই হাত তুললেন দোয়ার জন্য অতঃপর নিয়ম মত শেষ করলেন ‘সালাতে কামেলাহ’র খতম তবে অস্বাভাবিক এক নীরবতায়। তারপর শুরু করলেন বয়ান কিন্তু সম্পূর্ণ ভিন্ন ভাবে, ভিন্ন আবেগে। হুজুর জানালেন উনার অন্যতম প্রিয় খাদেম একরাম-এর মৃত্যু সংবাদ। বিস্তারিত বললেন একরামের মৃত্যুকালের কথা, তার পরিবারের কথা। আরও বর্ণনা করলেন কিভাবে বালক বয়সে হুজুরের বাসায় এসে একরাম থেকে গিয়েছিল খানকাহর সেবায়। দীর্ঘ চব্বিশ বছরের পুরানো খাদেমের বর্ণনায় হুজুর এতটাই ভারাক্রান্ত ছিলেন যে মনে হচ্ছিল উনি যেন দাফন করে এসেছেন উনারই ঔরসজাত সন্তানকে। বক্তব্য শেষে উপস্থিত মজলিসকে উদ্দেশ্য করে হুজুর রহ: বললেন, ‘আসুন আমরা একরামের মাগফিরাতের জন্য দোয়া করি’।

হুজুরের হৃদয় নিংড়ানো সেই দোয়ার পরশে সেদিন মজলিসে সৃষ্টি হয়েছিল এক মর্মন্তুদ পরিস্থিতির। দোয়া শেষ হওয়ার পরও সেই পরিস্থিতি স্বাভাবিক হতে সময় নিয়েছিল

বেশ। এরই মধ্যে লম্বা করিডোরের একেবারে শেষ প্রান্ত থেকে এক বৃদ্ধ ভীর ঠেলে ছুটতে ছুটতে এসে জড়িয়ে ধরলেন হুজুরের দুই হাত। চরম উত্তেজনায় বৃদ্ধের পুরো শরীর কাঁপছিল থর থর করে। হাউ মাউ করে কাঁদতে কাঁদতে তিনি বলতে লাগলেন, 'হুজুর আপনি যখন দোয়া করছিলেন তখন আমি দেখলাম বাদশাহি পোশাক পড়ে একরাম বসে আছে সিংহাসনের উপর...'। এক লহমায় উজ্জ্বল হয়ে উঠলো হুজুরের চেহারা। 'আলহামদুলিল্লাহ' বলে আবারো তিনি হাত তুলেন আল্লাহর দরবারে, জানলেন শত- কোটি শুকরিয়া। তাৎক্ষণিক দোয়া কবুলের এমন চাক্ষুষ সাক্ষী হতে পেরে আমিও সেদিন আল্লাহর দরবারে জানিয়েছিলাম লাখো কৃতজ্ঞতা। আর মনে মনে সিদ্ধান্ত নিয়েছিলাম পরিবর্তনশীল এই জীবনের প্রতিটি বাঁকে, প্রতিটি ক্ষেত্রে হুজুর রহ:-এর অমূল্য আশীর্বাদকে সঙ্গী করার।

সে মোতাবেক বিয়ের পিঁড়িতে বসার সময় সব মতামত উপেক্ষা করে তথা 'স্রোতের উল্টো দিকে সাঁতার কেটে' আকদ-এর আয়োজন করেছিলাম হুজুর রহ:-এর ব্যবস্থাপনায় উনার মসজিদে। রমজানের শেষ দিন ইফতারের আগে পড়ানো সেই বিয়েতে হুজুরের দোয়া ও আশীর্বাদ ছিল এক কথায় হৃদয়গ্রাহী। আজও আমার জীবনের পাথেয় হয়ে আছে হুজুর রহ:-এর সেই সুদীর্ঘ দরখাস্ত যা তিনি প্রার্থনার ভাষায় পেশ করেছিলেন করুণাময় আল্লাহর দরবারে আমার ডান হাতটাকে নিজের দুই হাতের মুঠোয় ধরে। তাঁর অন্য সব দোয়ার মত সেই বিবাহ বাসরের দোয়াতেও ছিল ব্যক্তি, সমাজ, জাতি, দেশ থেকে শুরু করে বিশ্ব মুসলিমের কল্যাণের জন্য আকুল মিনতি।

আল্লাহর দরবারে হাত তুলেই তিনি বলতেন, ‘হে পরওয়ারদিগার, হে রহমানুর রাহিম, আমাদের যা কিছু ভুল-চুক-ত্রুটি, জানি বা না জানি, বুঝি বা না বুঝি... জেনে করেছি বা না জেনে করেছি... প্রকাশ্যে করেছি বা গোপনে করেছি, সব সগীরা-কবীরাহ গুনাহ-খাতা এই ফকিরের এবং এই হাজেরান মজলিসের তুমি মাফ করে দাও..... আমাদের ঘর-দোর হেফাজত কর, আমাদের জান- মাল, ইজ্জত-আব্রুকে হেফাজত কর...আমাদের বিবি-বাচ্চাদের ইজ্জত-আব্রু, মান- সম্মান, বিশ্ব মুসলিমের মান- মর্যাদা তুমি হেফাজত কর... সমস্ত বালা- মুসিবত থেকে আমাদেরকে হেফাজত কর..... আসমানি বালা, জমিনী বালা, পানি থেকে বালা, আগুন থেকে বালা, সব কিছু থেকে তুমি আমাদের হেফাজত কর, মাহফুজ ও মামুন রাখ.... এমন ভাবে হেফাজত কর যেমন তুমি হেফাজত করো কালামুল্লাহ শরীফের...’।

হুজুর রহ:-এর এহেন মোনাজাতের বাণীতে আমি বিমোহিত হয়েছি বারবার। প্রার্থনার বর্ণনায় তিনি বস্তুত উজাড় করে দিতেন জগত, সংসার, মানুষ তথা পরম করুণাময়ের তাবৎ সৃষ্টির প্রতি তাঁর অকৃত্রিম আর অফুরান ভালবাসা। স্পষ্টতই বোঝা যেত ঐ মন, ঐ দোয়া আর দোয়ার ঐ বাণী পার্থিব নয় বরং স্বর্গীয়।

ইবাদতময় নিশিদিন

হুজুরের খানকাহর সাথে আমার সম্পর্ক মূলত বৃহস্পতিবার ভিত্তিক হলেও চলার পথে বিবিধ নামাজের জন্যেও বছরের পর বছর ধরে অসংখ্য বার গিয়েছি ঐ বাড়ী ও সংলগ্ন মসজিদে। প্রতিবার প্রতিটি নামাজে পরই

সেখানে দেখেছি বিভিন্ন খতম আর দোয়ার আয়োজন। পরে বুঝেছি হুজুর রহ:–এর তত্ত্বাবধানে ওখানে আসলে দিনরাত চব্বিশ ঘন্টাব্যাপী চলতো আল্লাহ পাকের ইবাদত। নিয়মিত নামাজ-কালামের বাহিরেও ছিল ব্যাপক বাড়তি ইবাদতের অনুশীলন। আর রমজান এলে সেই ইবাদতের গতি, প্রকৃতি ও পরিমাণ বেড়ে যেত সহস্র গুণ।

আব্বার কাছেই প্রথম শুনেছিলাম রমজান উপলক্ষে নারিন্দা পীর সাহেব বাড়ীর বিশেষ ইবাদত বন্দেগীর কথা। গল্প ছলে আব্বা বলতেন সেহেরী পর্যন্ত প্রলম্বিত বিশেষ তারাবীহ নামাজের কথা। আব্বা আমাকে পুণঃ পুণঃ উৎসাহিত করতেন রমজানে অন্তত একটা রাতের জন্যে হলেও পীর সাহেব হুজুরের ঐ বিশেষ তারাবীহতে অংশ নেয়ার জন্য। কিন্তু জীবনের সীমাহীন পিছুটান বারবার বাঁধা সৃষ্টি করেছে, যেতে দেয়নি ঐ নামাজে। অবশেষে উচ্চ শিক্ষার শেষে ভিনদেশী চাকুরীর জন্য অপেক্ষার অবসরে দয়াময় আল্লাহ আমাকে উপহার দিয়েছিলেন এক নিরবচ্ছিন্ন রমজান ১৯৯৮-র শুরুতে। শুধু কর্মহীন রমজানই নয় সেই সাথে দান করেছিলেন অবিশ্বাস্য মনোবলও। যার কাছে পরিবার- সন্তান, দুর্যোগময় রাত অথবা সন্ত্রস্ত পথঘাট কোন কিছুই বাঁধা হয়ে দাঁড়াতে পারেনি। এখন মনে হয় হুজুর রহ:–এর সাথে আল্লাহ পাকের একাগ্র উপাসনায় কাটানো রমজানের সেই রাতগুলোই ছিল আমার জীবনের শ্রেষ্ঠ সময়।

অনন্য বৈশিষ্ট্য মণ্ডিত রমজান ব্যাপী ঐ রকম ইবাদতের কথা আমি এর আগে পরে আর কোথাও কখনো শুনিনি। বিশেষ সেই ইবাদত শুরু হতো রাত সাড়ে এগারোটার দিকে। যারা ঐ নামাজে অংশ নিতেন তারা

সাধারণত ইফতারের পর একটু ঘুমিয়ে নিতেন। নামাজ শুরু হতো এশার চার রাকাত ফরজ নামাজ দিয়ে। তারপর যথারীতি সুন্নত, নফলের পর শুরু হতো 'খতমে তারাবীহ'। ম্যারাথন সেই তারাবীহতে প্রতি তিন দিনে খতম করা হতো পবিত্র কোরআন শরীফ। বিশ রাকাত তারাবীহর পর শুরু হতো 'খতমে তাহাজ্জুদ'। বারো রাকাতের তাহাজ্জুদ নামাজে পবিত্র কোরআন খতম হতো প্রতি দশ দিনে একবার। সবশেষে হতো 'খতমে বিতর'। এটাতে কোরআন খতম হতো পুরো মাসে একবার। অর্থাৎ তিন ধরনের নামাজের সেই বিশেষ জামাতে পবিত্র কোরআন খতম হতো পুরো রমজানে সর্বমোট বারো থেকে চোদ্দবার। গভীর রাতের নিঝুম নিস্তব্ধতায় দক্ষ হাফেজদের ভরাট কণ্ঠের সেই সুললিত তেলাওয়াতকে কখনো কখনো মনে হতো যেন সাগর তীরে আছড়ে পরা ঢেউয়ের পর ঢেউ। দীর্ঘ নামাজ, সুদীর্ঘ তেলাওয়াত অথচ কি অনাবিল এক শান্তি। কখনো ক্লান্ত মনে হয়নি নিজেকে। ঐ বিশেষ ইবাদতের বাড়তি প্রাপ্তি ছিল হুজুরের সরাসরি তত্ত্বাবধানে পরিচালিত 'মোরাকাবা' তথা আল্লাহর স্মরণে একাগ্র ধ্যান।

আপাত দুরূহ সেই একনিষ্ঠ ইবাদতে সামিল হতেন আল্লাহ পাকের মুষ্টিমেয় কিছু বান্দা। এদের মধ্যে একজন ছিলেন দেশ বরেণ্য চলচ্চিত্র নায়ক ইলিয়াস কাঞ্চন। একদিন ভোর রাতে নামাজান্তে নিজের পাশে ইলিয়াস কাঞ্চনকে দেখে হুজুর বলেছিলেন, 'কাঞ্চন আপনি আল্লাহর খুব মোবারক বান্দা'। আর সাতাশের রাতে মুসল্লিদের ভীরে দেখেছি আরেক পরিচিত মুখ, শক্তিমান অভিনেতা সদা

হাস্যোচ্ছল এটিএম শামসুজ্জামানকে। শুনেছি উনারা দু'জনেই ছিলেন হুজুর রহ:-এর একনিষ্ঠ ভক্ত।

অন্যদিন কম হলেও সাতাশের রাতে মুসল্লিদের ভীর ছিল যথারীতি উপচে পড়া। এ রাতে সমাগত সকলের জন্যে ছিল সেহেরীর বিশেষ ব্যবস্থা। কিন্তু সাতাশের পরবর্তী রাতেই মুসল্লির সংখ্যা কমে গিয়েছিল দারুণ ভাবে এমনকি অনেক নিয়মিত মুসল্লিও ছিলেন গর হাজির। অবস্থা দেখে খুব দুঃখ পেয়েছিলেন হুজুর, আক্ষেপের সাথে বলেছিল, 'মানুষজন সব বড়ই ঢিলা'। হুজুরের একান্ত সান্নিধ্যের সেই পরম সুযোগ আমি হারাতে চাইনি তাই দেরী করিনি হুজুরের হাতে হাত রেখে তাঁর শিষ্য হতে। আমাকে গ্রহণ করে হুজুর রহ: উনার তর্জনীটা চেপে ধরেছিলেন আমার হৃৎপিণ্ডের উপর এবং বলেছিলেন, 'এইখানে সব সময় আল্লাহ আল্লাহ জিকির চালু রাখবে'।

হৃদয়ের টানে ব্যকুল মন

সেই রমজানের পরপরই আমাকে দেশ ছাড়তে হয়েছিল জীবিকার প্রয়োজনে। অতঃপর ছুটতে হয়েছে দেশ থেকে দেশান্তরে। ভিনদেশে, ভিন্ন সংস্কৃতিতে টিকে থাকতে গিয়ে ভুলতে হয়েছে অনেক কিছুই। কিন্তু এক মুহূর্তের জন্যেও ভুলতে পারিনি হুজুর রহ:-এর নূর ঝরা চেহারা, প্রশান্ত সুরত। ভুলতে পারিনি তাঁর সুললিত কণ্ঠ মাধুরী আর অনবদ্য ভাষা-শৈলীর মর্মস্পর্শী মোনাজাত। মনে প্রাণে প্রার্থনা করেছি আরেকবারের জন্যে হলেও হুজুরের দর্শন লাভের। সিদ্ধান্ত নিয়েছিলাম যে আরেকবার হুজুরের দ্বারস্থ হতে পারলে ভিডিও করে আনবো উনার অতি-প্রাকৃতিক সৌন্দর্য আর অমৃত বাণী। আল্লাহ কবুল করেছিলেন আমার সেই আকুল প্রার্থনা।

হঠাৎ-ই, ঠিক নাইন- ইলেভেনের পরপরই সুবর্ণ এক সুযোগ পেয়েছিলাম দেশে ঘুরে আসার। চারিদিকে তখন চাপা আতংক। যুদ্ধোন্মাদ আমেরিকা তখন হামলা শুরু করেছে এখানে সেখানে। সব কিছুতেই টার্গেট শুধুই মুসলমান আর মুসলিম দেশ। সেই অনিশ্চিত পরিস্থিতির বিবেচনায় সতীর্থ বন্ধু- স্বজন সবাই একবাক্যে রুখে দাঁড়িয়েছিল আমার আমেরিকা থেকে দেশে বেড়াতে যাওয়ার সিদ্ধান্তের বিরুদ্ধে। কিন্তু আমি ছিলাম নির্লিপ্ত, দৃঢ় প্রতিজ্ঞ। কোন এক অদৃশ্য শক্তি আমাকে যোগান দিয়েছিল অবিশ্বাস্য মনোবল। তাই শত বাঁধার মুখেও বৃদ্ধ বাবা-মাসহ হুজুর রহ:-কে দেখতে যাওয়ার সিদ্ধান্তে থেকেছি অটল।

অবশেষে সকল অনিশ্চয়তাকে পায়ে দলে দেশের মাটিতে ফিরেছি ২০০১-এর শেষান্তে, আর এক রমজানে। খুব ইচ্ছা ছিল আবারও মধ্য রাতের তারাবীহ-তাহাজ্জুদে যোগ দেয়ার। কিন্তু দীর্ঘ ভ্রমণের ক্লান্তিতে ঐ সময় আর সম্ভব হয়নি লম্বা কোন নামাজে দাঁড়ানো। অবশ্য তারাবীহ পড়তে না পারলেও ছুটির পুরোটা সময় জুড়ে আমি ঘুরে ফিরেই গেছি হুজুরের কাছে। অদৃশ্য এক আকর্ষণে কোন কারণ ছাড়াই বারবার ছুটে গেছি হুজুরের সান্নিধ্যে। এমনকি ঈদের দিনেও বাড়ী ভর্তি মেহমান ফেলে হঠাৎ-ই চলে গেছি হুজুরকে সালাম করতে, ঈদ মোবারক বলতে। দোতালার দোর গোরাতেই দেখা হয়েছে উনার হাস্যোচ্ছ্বল বড় ছেলে তখনকার ছোট হুজুরের সাথে। উনিই আমাকে সাদরে নিয়ে গেছেন ড্রয়িং রুমে হুজুর রহ:–এর কাছে। হুজুর তখন কথা বলছিলেন বয়োবৃদ্ধ অন্য দুই আগন্তুকের সাথে। চেয়ার খালি পেয়ে কদমবুসি সেরে আমি বসেছিলাম হুজুরের বাম পাশ ঘেঁষে।

পরম স্নেহে হুজুর জানতে চেয়েছেন কি করছি, কোথায় আছি। বলেছি আমার উচ্চতর গবেষণার কথা। আমেরিকার ইউনিভার্সিটিতে ফেলোশিপের কথা। শুনে খুশী হয়েছেন এবং আরও সাফল্যের জন্যে দোয়া করেছেন তাৎক্ষণিক ভাবে।

কিন্তু আমেরিকার প্রসঙ্গে তাঁর চেহারা হয়ে উঠেছিল কঠোর। ফর্সা মুখমণ্ডল ছেয়ে গিয়েছিল রক্তিম আভায়। চরম বিরক্তির সাথে ক্ষুব্ধ কণ্ঠে বলেছিলেন, 'আমেরিকা ভেঙ্গে টুকরো টুকরো হয়ে যাবে'। ঘরে তখন পিন পতন নীরবতা। হুজুরের ঐ ক্ষুব্ধ চেহারা আমার কাছে ছিল অপরিচিত। তবে সেখানে সে সময় উপস্থিত আমাদের চার শ্রোতার কারোই এটা বুঝতে কোন অসুবিধা হয়নি যে এমন পবিত্র দিনে আল্লাহর প্রিয় এক ওলীর মুখ থেকে নিঃসৃত হলো যে অভিশাপ তার বাস্তবায়ন শুধুই সময়ের ব্যাপার মাত্র।

অনন্য চাওয়া-পাওয়া

সেই ঈদের পরপরই আল্লাহ পাকের অশেষ রহমতে পূরণ হয়েছিল আমার ভিডিও ধারণের সুপ্ত ইচ্ছা। অনেক ভেবে চিন্তে হুজুরের বড় ছেলে, তৎকালীন ছোট হুজুরকে জানিয়েছিলাম হুজুরের মোনাজাতটা ভিডিও করার আমার দীর্ঘ আকাঙ্ক্ষার কথা। তিনি তৎক্ষণাৎ পরমানন্দে আমাকে অনুমতি দিয়েছিলেন খানকাহর বাৎসরিক ওরস পুরো ভিডিও করার যা আমার জন্য ছিল অনেকটা 'মেঘ না চাইতেই বৃষ্টি'র মত একটা দুর্লভ সুযোগ।

ঈদ পরবর্তী শাওয়ালের দশ তারিখে হুজুর রহ:-এর পূর্বসূরি হযরত আব্দুস সালাম রহ:-এর মৃত্যু দিন উপলক্ষে আয়োজিত সেই ওরস ছিল অন্যসব পরিচিত ওরস থেকে সম্পূর্ণই ভিন্ন। এ উপলক্ষে ব্যানার, ফেস্টুন, বিজ্ঞাপন দূরে

থাকুক সামান্যতম কোন পূর্ব ঘোষণাও দেয়া হয়নি। অথচ ওরসের দিন সমস্ত খানকাহ, মসজিদ তথা পুরো পীর সাহেব বাড়ী ছিল নারী- পুরুষ- শিশু, ছাত্র- যুবা- বৃদ্ধ নির্বিশেষে সব শ্রেণীর ভক্তকুলে পরিপূর্ণ। সবাই ছিল সম্মিলিত ইবাদতে মশগুল। নিয়মিত ফরজ, সুন্নাহর সাথে সেখানে ছিল ব্যাপক নফল ইবাদতের ব্যবস্থা। তার মধ্যে কোরআন ও হাদিস শরীফের বহু খতম সহ ছিল অজস্র দোয়া-দরূদের খতম। আরও ছিল যার পক্ষে যা সম্ভব সেগুলোর পাঠ ও তেলাওয়াত। প্রিয়ভাজন মরহুম বুজুর্গের আত্মাকে পাঠানোর উদ্দেশ্যকে উছিলা করে মহান আল্লাহ পাকের দরবারে নিবেদিত সেই ব্যাপক ভিত্তিক ইবাদত যে উপস্থিত সকলের জন্যেই ছিল মঙ্গলময় তা বলার অপেক্ষা রাখে না।

উল্লেখ্য ফরয ও সুন্নাহর পাশাপাশি বিবিধ উছিলায় সুযোগ সৃষ্টি করে অব্যাহত ভাবে ইবাদত করে যাওয়ার আদেশ করেছেন আল্লাহ পাক (৫:৩৫ দ্রষ্টব্য)। এটা স্পষ্টতই বাড়তি তথা নফল ইবাদতের নির্দেশনা কারণ ফরয ও সুন্নাহগুলো যথা সময়ে যথাযথ ভাবে আদায় করতে আমরা বাধ্য, সেখানে সুযোগ বা সুবিধা খোঁজার কোনই অবকাশ নেই। আল্লাহ পাকের নৈকট্য লাভের জন্য এ রকম অতিরিক্ত ইবাদতের বস্তুত কোন বিকল্প নেই। তেমন নিয়মিত নফল ইবাদতে জীবন পার করেছেন কামেল ওলী- আউলিয়াদের প্রত্যেকেই। তাদের মজলিস- সমাবেশও ছিল সব সময় ইবাদতময়, এখনকার মত শুধুই বক্তৃতাময় নয়। ইবাদত প্রধান সে রকম আয়োজন এখন বিরল। এক্ষেত্রে নারিন্দা পীর সাহেব বাড়ীর ওরস ছিল রীতিমত ব্যতিক্রম। সেখানে ছিল নিজের সামর্থ্য মত বাড়তি ইবাদত করার অনবদ্য সুযোগ।

আল-কোরআনের নির্দেশ মেনে ইবাদতের উছিলা বা সুযোগ সৃষ্টি করে কিভাবে বাড়তি ইবাদত করা যায় এবং কিভাবে তা করতে হয় ঐ ওরস ছিল বস্তুত তারই এক প্রামাণ্য উদাহরণ।

হাজারো ভক্ত ও অভ্যাগতদের ভিড়ে মেম্বরের আশে পাশে যাওয়ার কোন উপায় সেদিন ছিল না। কিন্তু হাতে ক্যামেরা কাঁধে স্ট্যান্ড থাকায় আমার স্থান হলো অবারিত। এমনকি দূর- দূরান্ত থেকে আসা দুর্বল বৃদ্ধরা পর্যন্ত যথা সম্ভব সরে গিয়ে আমাকে জায়গা করে দিয়েছিল ক্যামেরা বসানোর। তবে বিনিময়ে তাদের আকুল আবেদন ছিল যা কিছু তোলা হবে তার কপি যেন তাদেরকেও দেয়া হয়। বার্ধক্য জনিত কারণে হুজুর তখন বেশ দুর্বল। তাই উনার হয়ে বয়ান করেছিলেন ছোট হুজুর। তবে মোনাজাতের সূচনা করেছিলেন হুজুর স্বয়ং। বরাবরের মত মনোমুগ্ধকর সেই দোয়ার বাণী জীবন্ত ধরে রাখতে পেরে ধন্য হয়েছিলাম আমি।

দীর্ঘ অনুষ্ঠানের শেষে হুজুর রহ: যথারীতি জেয়ারত করলেন তাঁর পূর্বসূরিদের মসজিদ সংলগ্ন মাজার। ভিডিও হাতে আমি সব সময়ই ছিলাম হুজুরের আশে পাশে প্রতিটি মুহূর্তকে ধরে রাখার মানসে। হুজুরের মাথায় ছিল বহু বছর আগে প্রথম পরিচয়ে দেখা সেই সবুজ টুপি। পরনে ছিল সব সময়ের শুভ্র নীলাভ মোটা কাপড়ের পোশাক। জেয়ারত শেষ করেই হুজুর রওনা দিলেন মসজিদের প্রধান ফটকের দিকে। খাদেমরা দ্রুত এগিয়ে দিল চামড়ার চপ্পল। শান্ত, সৌম্য হুজুর পরম মমতায় চপ্পলটা পড়ে মৃদু পায়ে হারিয়ে গেলেন আমার ক্যামেরার ফ্রেমের বাহিরে। আর সাথে সাথেই শেষ হয়ে গেল আমার দুই ঘণ্টার ভিডিও ক্যাসেট। এত লম্বা অনুষ্ঠান পুরোটা

কি ভাবে যে দুই ঘণ্টার ক্যাসেটে এঁটেছিল তা আজও আমার কাছে এক চরম বিস্ময়।

শুনেছি হুজুর রহ: ভিডিও করতে চাইতেন না। কেউ তাঁকে ভিডিও করছে দেখলে দ্রুত নিষেধ করতেন। তাই পুরনো অনেকে আমাকে তাড়া দিচ্ছিলেন দ্রুত ভিডিও শেষ করার জন্য। তাদের আশংকা ছিল হুজুর হয়তো মাঝ পথেই ভিডিও করা বন্ধ করতে বলবেন। কিন্তু সবাইকে অবাক করে দিয়ে সেদিনের ভিডিওর ব্যাপারে তিনি ছিলেন অতি নির্লিপ্ত একেবারেই নিশ্চুপ। তাঁর সেই নীরব সম্মতির কারণ বুঝেছিলাম আরও আট মাস পরে।

অনন্ত লোকের পথে

দিনটা ছিল ২০০২-এর ৩ বা ৪ সেপ্টেম্বর ভোর। ফজরের নামাজ শেষে সূরা ইয়াসিন পড়ছিলাম লস এঞ্জেলসের এপার্টমেন্টে। হঠাৎ-ই কর্কশ আর্তনাদে বেজে উঠেছিল টেলিফোন। প্রবাসে ভোর বেলার ফোন মানেই দুঃসংবাদ। সেদিনও তার ব্যতিক্রম ছিল না। ওপারে শুনলাম ছোট বোনের কম্পমান উদভ্রান্ত কণ্ঠ, 'আমাদের হুজুর ইন্তেকাল করেছেন (ইন্নালিল্লাহে ওয়া ইন্না ইলাইহে রাজিউন)'। মুহূর্তেই কেমন যেন শূন্য হয়ে গেল সমস্ত হৃদয়, মন ও মস্তিষ্ক। খুবই অসহায় মনে হলো নিজেকে। মানস পটে ভেসে উঠলো সেই ঈদ, সেই ওরস যা আসলে ছিল হুজুরের সুবিশাল কর্মময় জীবনের শেষ ঈদুল ফিতর এবং শেষ ওরস। মনে পড়লো সেই ক্ষুব্ধ অভিশাপ, 'আমেরিকা ভেঙ্গে টুকরো টুকরো হয়ে যাবে'। আর মনে পড়তে লাগলো ভিডিওর সেই শেষ দৃশ্য, শান্ত পায়ে হুজুর চলেছেন মসজিদের প্রধান ফটকের দিকে... যত্ন করে পায়ে

পড়লেন চপ্পলটা...তারপর ধীরে হারিয়ে গেলেন ক্যামেরা ফ্রেমের বাহিরে...। দীর্ঘ আট মাস পরে বুঝেছিলাম জীবনের শেষ ওরস বলে সেদিনের ভিডিওতে হুজুর বাঁধা দেননি। আরও বুঝেছিলাম যে উনার হারিয়ে যাওয়া শুধু ক্যামেরার ফ্রেম থেকেই ছিল না বরং তা ছিল চিরদিনের জন্যে যাওয়া এবং আর কখনও ফিরে না আসা।

আমাদের প্রিয় নবীজি সা: কিম্বা উনার কোন সাহাবির সান্নিধ্য এখন আর আমরা আশা করতে পারি না। কিন্তু তাঁর আদর্শের ছটায় যারা উদ্ভাসিত যুগে যুগে তাঁদেরকে চেনার কিছু উপায় বাতলে দিয়ে গেছেন রসুলুল্লাহ সা:। তিনি বলেছেন, আল্লাহর প্রিয় ওলীদের চেহারা দেখা মাত্রই বিশ্ব স্রষ্টা আল্লাহর স্মরণে নত হবে শির, তাঁদের ব্যক্তিত্ব আর চেহারার নূরে প্রথম দর্শনেই বিমোহিত হবে দর্শনার্থী। এই বর্ণনার সাথে অনুপুঙ্খ মিলে যায় নারিন্দার পীর সাহেব হুজুর শাহ সৈয়দ ইমাম নজর আহমেদ রহ:-এর সুরত, সিরাত ও সিফত।

এ সময়ের দানবীয় ও মোহনীয় বিজ্ঞানের মধ্যে বসবাস করেও কিভাবে আল্লাহ পাকের ইবাদতে জীবন পার করা যায় তার প্রত্যক্ষ নমুনা ছিলেন আল্লাহর ওলী নায়েবে রসূল শাহ সৈয়দ ইমাম নজর আহমেদ রহ:। তাঁর নূর ভরা ভাস্বর চেহারা ও ব্যক্তিত্বকে আমি হৃদয়ের গহীনে স্থায়ী করে রেখেছি অপার মমতায় ও পরম শ্রদ্ধায়।

ঈমানের সাথে
জীবনাবসানের জন্য প্রার্থনা

যাচ্ছে সবাই, যেতেই হচ্ছে সবাইকে। জন্মের পর এই চলে যাওয়াই সবচেয়ে বড় সত্য। অনিশ্চয়তায় ভরা এই জীবনে মৃত্যুই একমাত্র নিশ্চিততম পরিণতি। পবিত্র কোরআনের ভাষায় 'কুল্লু নাফসিন যাইকাতুল মাউত'-প্রতিটি প্রাণকে অবশ্যই গ্রহণ করতে হবে মৃত্যুর স্বাদ। একমুখী এই পথে যাওয়া যায় কিন্তু ফেরার কোন উপায় নেই। তাই কোন প্রত্যক্ষদর্শীর বর্ণনাতে লভ্য নয় মৃত্যুর স্বরূপ। তারপরও অনিবার্য এই পরিণতির বিষয়ে কোন বিতর্ক নেই, নেই কোন সন্দেহ। কোন মহাজ্ঞানী, মহামনীষী অথবা দুঃসাহসী দিগবিজয়ী যোদ্ধা কেউই একে অস্বীকার করার সাহস দেখাতে পারেনি এখনও। বিজ্ঞানও সেই সাহস করেনি কখনও, ভবিষ্যতে করবে তেমন সম্ভাবনাও নাই।

এটা এমনই এক সর্বগ্রাসী শক্তি যার কাছে সব কিছুই অসহায়। চোখের পলকে এর কাছে নিঃশেষ হচ্ছে মানুষের যথা সর্বস্ব। এত কাছে যার অবস্থান, এত নিশ্চিত যার আগমন সে-ই কিনা অনুপস্থিত আমাদের নিত্য দিনের চিন্তা, ভাবনা ও চেতনায়। এর চরিত্র ও বৈচিত্র্য নিয়ে কেউই যেন ভাবতে রাজী নয়। এ এক মহা বিস্ময়কর বিস্মৃতি। বর্তমানে অবস্থা এতটাই করুণ যে চোখের সামনে আত্মীয়, পড়শি, স্বজন, সহযোগীর মৃত্যুও আমাদেরকে যেন ভাবিত করতে পারছে না আর। অথচ পরম এই সত্যের স্মরণই যথেষ্ট হতে পারে আমাদের সকল পার্থিব সমস্যার সমাধানের জন্য।

যে কোন মুহূর্তে প্রস্থানের সত্য মাথায় থাকলে কারো পক্ষেই সম্ভব নয় নিত্য নতুন আসবাব-পত্র সংগ্রহ করে

নিজের বোঝা ভারী করা। বুদ্ধিমান মাত্রই জানে যাত্রা পথের স্বস্তি ও শান্তির জন্য হাতের বোঝা কম থাকা জরুরী। সে জন্যেই নবীজি সা:-এর সুমহান শিক্ষা বলে মুসাফিরের মত, পথিকের মত পৃথিবীতে বাস করার জন্য। এমনকি বিশ্বজয়ী, পরাক্রমশালী রাজা-বাদশাহ হয়েও যে পথিকের মত জীবন-যাপন করা যায়, নিজেকে ভার মুক্ত রাখা যায় তার নমুনা মানব ইতিহাসে বিরল নয়। বরং সেই সব পার্থিব সম্বলহীন 'পথিক'রাই সভ্যতার ইতিহাসে হয়ে আছেন প্রাতঃস্মরণীয় এবং বরণীয়। তারা ছিলেন সেই সব সুদক্ষ মাঝি-মাল্লা যারা উত্তাল এই জাগতিক সাগর পাড়ি দিয়েছেন সফলতার সাথে কারণ তাদের নৌকা দুনিয়ার 'পানি'তে সয়লাব হওয়ার সুযোগই পায়নি। অভিজ্ঞ মাল্লা মাত্রই জানে নিয়মিত পানি ছেঁচে ফেলে ভারমুক্ত রাখতে না পারলে নৌকা নিয়ে গন্তব্যে পৌঁছানো যায় না।

বর্তমান বিজ্ঞানের মহা কাব্যিক সব আবিষ্কারের সুবাদে আমরা আজ সপ্রমাণ জানি যে মহাকাল ও মহাবিশ্ব তথা এই মহা সৃষ্টির তুলনায় আমরা কতটা তুচ্ছ এবং এই পৃথিবীতে আমাদের অবস্থান কতটা ভঙ্গুর ও ক্ষণস্থায়ী। এ পর্যন্ত জ্ঞাত মহাকালকে যদি আমরা বিবেচনা করি তাহলে আমাদের এই সত্তর-আশি বছরের জীবনটাকে অবশ্যই মনে হবে যেন চোখের একটা 'পলক' মাত্র। এক পলকের এই জীবনটাকেই যথা সর্বস্ব ভেবে কেউ যাতে ভুল করে বিত্ত-বৈভব দিয়ে একে বোঝাময় না করে সেজন্যেই বোধহয় পবিত্র কোরআন এবং হাদিসে বারবার স্মরণ করিয়ে দেয়া হয়েছে মৃত্যুকে। ক্ষুদ্র এই জীবনটাকে পার্থিব ধোঁকার হাত থেকে বাঁচাতে প্রিয় নবীজি সা: বাতলে দিয়েছেন উপায়। বলেছেন

নিয়মিত কবর জেয়ারত করতে। সাধ্য মত মৃতের জানাজায় শরীক হতে।

জগত বিখ্যাত দার্শনিক ইমাম গাজ্জালী রা: তার অমর গ্রন্থ 'দাকায়েকুল আকবর'-এ হাদিস সূত্রে বর্ণনা করেছেন 'মৃত্যু'র নিজস্ব কিছু কথামালা। তিনি লিখেছেন সৃষ্টির পর সৃষ্টিকর্তা আল্লাহ তা'য়ালার অনুমতি নিয়ে 'মৃত্যু' ঘোষণা করে যে, 'সৃষ্ট জীবগণ শোন, আমি মৃত্যু, যে কেড়ে নেবো বাবা-মাকে সন্তানের কাছ থেকে, সন্তানকে বাবা-মার কাছ থেকে। স্বামীকে স্ত্রীর কাছ থেকে, স্ত্রীকে স্বামীর কাছ থেকে। বোনকে ভাই-এর কাছ থেকে, ভাইকে বোনের কাছ থেকে এবং বিচ্ছেদ ঘটাবো বন্ধু থেকে বন্ধুর। আমিই সে, যে ধ্বংস করবো সভ্যতার পর সভ্যতা এবং ধুলোয় মিশিয়ে দেবো জনপদের পর জনপদ। আমি অবধারিত ভাবেই আসবো তোমার কাছে যেখানেই তুমি থাক না কেন। আজ হোক, কাল হোক আমার মুখোমুখি তোমাকে হতেই হবে'।

একজন মৃত ব্যক্তির সর্বশেষ অবস্থার বর্ণনা দিতে গিয়ে ইমাম গাজ্জালী রা: তুলে ধরেছেন হযরত মনসুর ইবনে আম্মার রা:-এর বক্তব্য। মৃত ব্যক্তির পরিণতির ব্যাখ্যায় হযরত মনসুর রা: বলেন, 'আজরাইল নিয়ে যায় আত্মা তার দেহ থেকে। সহায় সম্পদ বিলি হয়ে যায় ওয়ারিশদের মধ্যে। রক্ত-মাংস হয় কীট-পতঙ্গের খাদ্য। অস্থি-মজ্জা বিচূর্ণ হয়ে মিশে যায় মাটির সাথে। আর সমস্ত ভাল কাজ নিয়ে যায় পাওনাদার এবং হকদারেরা'। হযরত মনসুর রা: আরও বলেন, 'যার যা কিছু প্রাপ্য বা পাওনা নিয়ে যাক, তাতে কোন অসুবিধা নেই। কিন্তু 'ঈমান' যেন নিতে না পারে কেউ। কোন অবস্থাতেই ইবলিস যেন না পারে ঈমানের কোন ক্ষতি

করতে। মৃত্যুর মুখে ঈমানের ক্ষতি মানে সর্বস্ব হারানো। এই ক্ষতির কোন বিনিময় অসম্ভব'। সে জন্যেই হযরত মনসুর রা: সব সময় সবার জন্য আল্লাহর দরবারে ঈমানের সাথে সম্মানজনক মৃত্যুর প্রার্থনা করতেন। বস্তুত যে কারোর জন্যে ঈমানের সাথে মৃত্যু হলো আল্লাহর পক্ষ থেকে তার প্রতি শ্রেষ্ঠতম রহমত।

মৃত্যুকালীন ভয়াবহতার মুখে ঈমান ঠিক রাখার কঠিনতম পরীক্ষা বিষয়ে প্রসিদ্ধ একটি উদাহরণ হয়ে আছে বিশিষ্ট দার্শনিক ইমাম ফারাবী রা:-এর অন্তিম সময়ের ঘটনাবলী। ইমাম ফারাবী ছিলেন যুক্তিবাদী দার্শনিক। যুক্তি দিয়ে আল্লাহর অস্তিত্ব প্রমাণে তিনি ছিলেন বিশেষ পারদর্শী। কথিত আছে আল্লাহ পাকের অস্তিত্বের প্রশ্নে মুখোমুখি যুক্তি তর্কে তিনি প্রায় ৭০ বার পরাজিত করেছিলেন স্বয়ং ইবলিস শয়তানকে। এহেন পরাজয়ের প্রতিশোধ নিতে ইবলিস যথারীতি আবির্ভূত হয়েছিল ইমাম ফারাবীর মৃত্যুশয্যায়। চ্যালেঞ্জ ছুঁড়ে দিয়েছিল ফারাবী রা:-এর উদ্দেশ্যে আল্লাহর অস্তিত্বের স্বপক্ষে যুক্তি পেশ করার জন্য। মুমূর্ষু অবস্থার দুর্বলতায় খেই হারিয়ে ফেলেছিলেন ইমাম ফারাবী। ঐ মুহূর্তে তিনি প্রায় হারাতে বসেছিলেন তার ঈমান। সে অবস্থায় স্বয়ং আল্লাহ দয়া করেছিলেন তাঁর যুক্তিবাদী বান্দাকে। আল্লাহ প্রদত্ত আত্মিক যোগাযোগ সূত্রে ইমাম ফারাবীর অন্তিম দুরবস্থার কথা জানতে পেরে তার বয়োবৃদ্ধ শিক্ষক ব্যগ্র হয়ে প্রিয় ছাত্রের উদ্দেশ্যে ছুঁড়ে দিয়েছিলেন শেষ উপদেশ, বলেছিলেন, 'ফারাবী তুমি বলো, আমি আল্লাহতে এবং তাঁর একক শক্তিতে বিশ্বাস করি কোন যুক্তি ছাড়াই। এই বিশ্বাসের জন্য কোন যুক্তির প্রয়োজন নেই'। আল্লাহর ইচ্ছায়, প্রিয়

শিক্ষকের সময়োচিত হস্তক্ষেপে চেতনা ফিরে পান ইমাম ফারাবী রাহ:। শিক্ষকের কথাকেই উত্তর হিসেবে ছুঁড়ে দেন ইবলিসের উদ্দেশ্যে এবং শেষ নিঃশ্বাস ত্যাগ করেন কালেমার সাথে।

রাসূলুল্লাহ সা:-এর বাণী সূত্রে ইমাম গাজ্জালী আরও লিখেছেন, দেহ ত্যাগের পর মৃতের আত্মাকে জিজ্ঞেস করা হয়, 'তুমিই কি দুনিয়া ছেড়ে এলে নাকি দুনিয়া তোমাকে ছেড়ে দিল? তুমি কি নিজে থেকেই দুনিয়াদারিতে মগ্ন হয়ে পড়েছিলে নাকি দুনিয়াই মগ্ন হয়েছিল তোমাতে? দুনিয়া কি তোমাকে তৃপ্ত করতে পেরেছে? তুমি কি স্বেচ্ছায় আল্লাহকে ভুলে ছিলে নাকি দুনিয়া তোমাকে বাধ্য করেছিল আল্লাহকে ভুলতে?'

যখন মৃতকে গোছল করানো হয় তখন আবার জিজ্ঞেস করা হয়, 'ওহে আদম সন্তান, তোমার বলিষ্ঠ দেহ এখন কোথায়? কে তোমাকে করলো এতটা শক্তিহীন, দুর্বল? কেন তুমি বাকরুদ্ধ এখন? কোথায় তোমার কথামালা, কোথায় তোমার শ্রবণ ক্ষমতা? কে তোমাকে আলাদা করলো স্বজন, পরিবার, বন্ধুদের থেকে?'

অতঃপর মৃতদেহ যখন রাখা হয় কবরের পাশে তখন আবার বলা হয়, 'হে আদম সন্তান, এই মাটির উপর ছিল তোমার বাস। অনেক উৎসাহ-উদ্দীপনা আর আনন্দ-উৎসবে কেটেছে তোমার জীবন এই মাটির উপর। আজ প্রবেশ করো সেই মাটির গভীরে চোখের পানিতে ভিজে। জীবনব্যাপী হাসি তামাশার পর আজ আমার বুকে হবে তোমার দুঃখ ভারাক্রান্ত, বেদনাময় শেষ শয্যা। এক কালের বাক্যবাগীশ তোমাকে এখন এই মাটির ঘরে থাকতে হবে অন্তহীন নীরবতায়'।

কবরের ভয়াবহতার বর্ণনা দিতে গিয়ে হযরত আনাস রা:-কে উদ্ধৃত করে ইমাম গাজ্জালী লিখেছেন, প্রতিদিন পৃথিবীর জমিন উচ্চস্বরে ঘোষণা করে থাকে, 'আমার উপর এখন যারা আনন্দময় জীবন উদযাপনে মত্ত অচিরেই তোমাদেরকে প্রবেশ করতে হবে আমার ভিতরে। আমার উপরে থেকে তুমি নিষিদ্ধ যা কিছু করে ফিরছো তার জন্যে চরম পরিণতি ভোগ করতে হবে আমার অভ্যন্তরে। এখন তুমি হাসি আর তামাশায় ব্যস্ত, অচিরেই আমার ভিতরে এসে তোমাকে কাঁদতে হবে। এখন তুমি নির্বিচারে ভোগ করছো হারাম খাদ্য, মনে রেখো আমার অভ্যন্তরে তুমি নিজেই খাদ্য হবে বিষাক্ত কীট-পতঙ্গের। তোমার এখনকার আনন্দময় জীবন পরিণত হবে মহা বিষাদে। আজ তুমি নাম, যশ, ক্ষমতা আর বিত্তের দাপটে উন্মত্ত, কাল আমার অভ্যন্তরে তুমি হবে লাঞ্ছিত। তোমার ঔদ্ধত্য লুপ্ত হবে চিরতরে'।

আরও বর্ণিত হয়েছে যে, কবরের মাটি প্রতিদিন তিনবার করে মানব জাতিকে স্মরণ করিয়ে দেয়, 'হে আল্লাহর সৃষ্ট জীব সকল, মনে রেখো আমি হচ্ছি নির্জন অন্ধকার গহ্বর। আমি বাসস্থান বিষাক্ত পোকা- মাকড়ের। তাই আমার অভ্যন্তরে নিজের নিরাপত্তার জন্যে তৈরি হও যথাযথ সঞ্চয় নিয়ে। হে সৃষ্ট জীবগণ, কোরআনকে নিয়ে এসো সঙ্গী করে। গভীর রজনীর ইবাদতের আলো এনো সাথে করে। আমি তোমার কাঁচা মাটির ঘর তাই এখানে প্রবেশের সময় সঙ্গে এনো 'ভাল কাজে'র বিছানা। আমি হচ্ছি বিষধর সাপ-বিচ্ছুর আবাস তাই বিষের ঔষধ স্বরূপ সাথে এনো বিসমিল্লাহ'র কালাম আর ইবাদতের অশ্রু। আমি হচ্ছি মুনকার- নাকীরের পরীক্ষা কেন্দ্র তাই সাথে এনো কালেমা তাইয়্যেবা- লা ইলাহা

ইল্লালাহু মুহাম্মাদুর রসুলুল্লাহ, এ ছাড়া অন্ধকার এই গহ্বরে মুক্তির কোন উপায় নেই'।

পরলোকের পথে এই 'একক ও একমুখী' যাত্রা সর্বশক্তিমান আল্লাহ পাকের কঠোরতম এক নীতি। যেহেতু কবর থেকে কেউ ফেরে না তাই আমাদের কাছে নেই এ সংক্রান্ত কোন দলিল বা বর্ণনা। আর সেজন্যেই আমাদের স্মরণে থাকে না 'এক সেকেন্ড' পরের এই অবশ্যম্ভাবী বাস্তবতা। কিন্তু মহান আল্লাহ হলেন পরম করুণাময় ও অতি দয়ালু। তিনি চান না তাঁর রূহধারী সৃষ্টির কোন অনিষ্ঠ। তাই প্রায়ই তিনি বিবিধ উছিলায় পুরানো কবর ভেঙ্গে বের করে আনেন কাফনে মোড়ানো অক্ষত লাশ। দেখা যায় অনেক বছরের ব্যবধানেও পচন ধরেনি সেসব লাশে। এমনকি নষ্ট হয়নি সাদা কাফনের কাপড়ও। এ পর্যন্ত বিভিন্ন সময়, বিবিধ সূত্রে যত জনের কবর ভাঙ্গা অক্ষত লাশ পুণঃ দাফনের ঘটনা ঘটেছে, দেখা গেছে যে এদের প্রত্যেকেই জীবদ্দশায় সমাজে পরিচিত ছিলেন সৎ, নিরহংকার, পরোপকারী, ঈমানদার ব্যক্তি হিসেবে। এ ধরণের ঘটনা নিঃসন্দেহে আল্লাহ তা'আলার পক্ষ থেকে সুস্পষ্ট নিদর্শন বিশ্ব মানবের জন্য।

অবশ্য এমন অকাট্য প্রমাণেও বিজ্ঞানের নামে সৃষ্টি করা হয় সন্দেহ। মানুষকে বোঝানো হয় যে ঐ কবরের মাটিতে হয়তো কোন কেমিক্যাল ছিল যার কারণে সেখানে ব্যাকটেরিয়া জন্মাতেই পারেনি তাই লাশও পচেনি, এতে অবাক হওয়ার কিছু নেই। কিন্তু ঐ ধরণের ঘটনা কেন যে বার বার শুধুই সৎ ও ঈমানদার মৃতের ক্ষেত্রে ঘটছে তার কোন ব্যাখ্যা বিজ্ঞান দিতে পারে না। এক্ষেত্রে বিজ্ঞান নীরব কারণ

ব্যাকটেরিয়াও যে আল্লাহর হুকুম মেনে কাজ করে সেটা প্রমাণ করা বিজ্ঞানের সাধ্যের অতীত।

এসব প্রমাণপঞ্জি এটাই স্পষ্ট করে যে মৃত্যুর ভয় আর হতাশায় সংসার ত্যাগী না হয়ে যে কোন অবস্থায় ও যে কোন পরিস্থিতিতে আল্লাহ পাকের সত্য কালামের শক্তিতে উজ্জীবিত হয়ে একমাত্র মহান আল্লাহ তা'য়ালার সন্তুষ্টির উদ্দেশ্যে নিবেদিত সৎ, কর্ম মুখর, প্রাজ্ঞ ও স্মার্ট জীবন যাপনের মধ্যেই নিহিত আছে অপার শান্তি এবং ইহ- ও পারলৌকিক সম্মান ও সাফল্যের নিশ্চয়তা। এই লক্ষ্য পূরণে যে জ্ঞান ও বিজ্ঞান সহায়ক নয় তা বর্জন করা আমাদের জন্য অত্যাবশ্যক।

সত্যিকারের বিজ্ঞান কখনোই আল্লাহ পাকের সাথে সম্পর্কহীন হতে পারে না। তেমন বিজ্ঞানের সাধকেরা তাদের সব গবেষণা ও অনুসন্ধানের শেষ ফলাফল হিসেবে যে অনিবার্য সত্যে উপনীত হন তা আল্লাহ পাক স্বয়ং উল্লেখ করেছেন তাঁর পবিত্র কালামে, তারা বলেন 'হে আল্লাহ তোমার এই অন্তহীন সৃষ্টি অযথা কোন বিষয় নয়, তুমি মহান ও পবিত্র, আমাদেরকে তুমি দোজখের আগুন থেকে রক্ষা করো' (৩:১৯১ দ্রষ্টব্য)।

হাতে আমাদের সময় খুবই কম, এতই কম যে আল্লাহ পাকের সংযোগ বিহীন যে কোন কাজ আমাদের জন্য চরম ক্ষতির কারণ হতে বাধ্য। তেমন ক্ষতি থেকে আত্মরক্ষার অবিরাম প্রার্থনাও আমাদের জন্যে হতে পারে অনন্ত কল্যাণকর।

সমাপ্ত